梁启超讲读
王阳明 心学

梁启超 著
国之学 评注

当代世界出版社
THE CONTEMPORARY WORLD PRESS

图书在版编目（CIP）数据

梁启超讲读王阳明心学 / 梁启超著；国之学评注.
-- 北京：当代世界出版社，2018.10
（名家解读经典书系）
ISBN 978-7-5090-1353-3

Ⅰ.①梁… Ⅱ.①梁…②国… Ⅲ.①王守仁（1472-1529）—心学—研究 Ⅳ.①B248.25

中国版本图书馆 CIP 数据核字（2018）第 146466 号

梁启超讲读王阳明心学

作　　者：	梁启超
出版发行：	当代世界出版社
地　　址：	北京市复兴路 4 号（100860）
网　　址：	http://www.worldpress.org.cn
编务电话：	（010）83908456
发行电话：	（010）83908409
	（010）83908377
	（010）83908423（邮购）
	（010）83908410（传真）
经　　销：	全国新华书店
印　　刷：	北京紫瑞利印刷有限公司
开　　本：	710 毫米 ×1000 毫米　1/16
印　　张：	13
字　　数：	173 千字
版　　次：	2018 年 10 月第 1 版
印　　次：	2018 年 10 月第 1 次
书　　号：	ISBN 978-7-5090-1353-3
定　　价：	32.00 元

如发现印装质量问题，请与承印厂联系调换。
版权所有，翻版必究，未经许可，不得转载！

序　言

无善无恶心之体，有善有恶意之动，知善知恶是良知，为善去恶是格物。

你未看此花时，此花与汝心同归于寂。你来看此花时，则此花颜色一时明白起来。便知此花不在你的心外。

王阳明

王阳明（1472.10.31—1529.1.9），字伯安，别号阳明，名守仁，明代著名的思想家、文学家、哲学家和军事家，陆王心学之集大成者，精通儒家、道家、佛家。与孔子、孟子、朱熹并称为孔、孟、朱、王。其学术思想传至日本、朝鲜半岛以及东南亚，影响甚广，弟子极众，世称"姚江学派"。

梁启超（1873.2.23—1929.1.19），字卓如，一字任甫，号任公，又号饮冰室主人、饮冰子、哀时客、中国之新民、自由斋主人。生于广东新会茶坑村。中国近代思想家、政治家、教育家、史学家、文学家。戊戌变法领袖之一、中国近代维新派、新法家代表人物。他被公认为清代最优秀的学者，中国历史上一位百科全书式的人物。

自明清以降，中外仰阳明心学并以此为理论根基的名人不胜枚举，梁启超便是其中一位。

梁启超对王阳明其人及其学说高度认可。他曾经称赞王阳明为"阳明先生，百世之师"，并认为他"在近代学术界中，极具伟大，军事上、政治上，多有很大的勋业"。

他认为王阳明"是一个豪杰之士",因为他以大勇大智发展了"心即理"之学说,能与当时一统天下的程朱理学分庭抗礼,以"知行合一"理论将高高在上的理学落到实处。对当时社会,"他的学术像打药针一般令人兴奋,所以能做五百年道学结束,吐很大光芒。"

文字与书籍最大的魅力就在于,人们能通过它的记载和传承,打破时间与空间的界限,即便相隔数百年,思想者仍能得以"神交",本书的内容,便可以看作是一场梁启超与王阳明穿越四百年的学术讨论。

本书分上、下两篇。上篇是梁启超1926年12月在北京学术讲演会及清华学校讲稿。其中直指当时只重知识传授,轻视德性培养和实际运用的教育弊端,于当今的学生与学者也是一剂"清醒针"。

下篇《德育鉴》是梁启超编著的青年德育教本,内收梁启超精心选录的先贤大儒关于德育的重要论说,并包含梁启超的按语,曾被作为"清华大学国学院德育读本"之一。在内容的选取上,编者侧重选取了"心学"诸家,尤其是王阳明关于心学的论述,删去了《四书五经》和《宋元学案》中部分与心学关系不甚密切的内容。原书以"辨术、立志、知本、存养、省克、应用"为目,分为六篇,编者将六大部分中的每一部分又做了划分,拟定小标,并做编者按,更加方便读者理解。

希望本书能够让您与两位大师一起,共享一场思想交锋的盛宴。

目　录

王阳明知行合一之教

引　论 | 003
青年唯一的救济法门 | 003
最有价值的学术口号 | 005
知行合一说之内容 | 008
知行是两个字说一个功夫 | 008
不行而求知，终究不会知 | 015
知识是诚心发出来的条件 | 022
知行合一说在哲学上的根据 | 026
心理合一与心物合一 | 026
心物合一论 | 029
从"物"的维度来究心物一体 | 032
外心求理的弊端 | 038
诚意为归宿，致良知为下手处 | 043
知行合一与致良知 | 049
知行合一与致良知其实内容一样 | 049
致良知功夫极简易而极艰难 | 054
良知需摩擦得晶莹，存养得纯熟 | 057

功利主义不除，一切学问无从做起	064
致良知非消极克己之学	069
人人皆可为圣	072

德育鉴：王阳明致良知之说

| 例　言 | 079 |

辨术第一 | 082
义利之辨，不可不猛省也	082
欲成天下之务，必诚心实意也	086
王学末流之敝	089
千古学术，惟"立诚"而已	091
人不辨诚伪，不过两脚禽兽	094
从来豪杰成事业，莫不有真至精神	098

立志第二 | 099
| 人患无志，不患无功夫可用 | 099 |

知本第三 | 104
切莫走闭眼路	104
王学为今日独一无二之良药	109
何为致良知之旨	111
一信良知之教，便得入圣之路	117
明目张胆而行天下之大道	119
知行合一以补致良知	121
致良知之学，非独善其身之学	128
今日求精神教育，舍王学更有何物？	130
王学慎独之教	135

存养第四 | 138
| 存养之功之不可以已 | 138 |

主敬之存养功夫 | 147
主静之存养功夫 | 150
主观之存养功夫 | 156
存养之流弊 | 161

省克第五 | 162
不能痛下功夫，不可成伟大之人格 | 162
省察是有事时存养，存养是无事时省察 | 166
立身不可自放一毫出路 | 171

应用第六 | 179
我能制事，毋令事制我 | 179
养成一世之风尚，造出时代之精神 | 183

王阳明年表 | 187

王阳明知行合一之教⋮

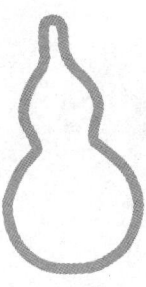

引 论

青年唯一的救济法门

现代（尤其是中国的现在）学校式的教育，种种缺点，不能为讳。其最显著者，学校变成"智识贩卖所"。办得坏的不用说，就算顶好的吧，只是一间发行智识的"先施公司"①。教师是掌柜的，学生是主顾客人。顶好的学生天天以"吃书"为职业。吃上几年，肚子里的书装得像蛊胀②一般，便算毕业。毕业以后，对于社会上实际情形不知相去几万里。想要把所学见诸实用，恰与宋儒高谈"井田封建"无异，永远只管说不管做。再讲到修养身心磨练人格那方面的学问，越发是等于零了。

学校固然不注意，即使注意到，也没有人去教。教的人也没有自己确信的方法来应用，只好把他搁在一边拉倒。青年们稍为有点志气对于自己前途切实打主意的，当然不满意于这种畸形教育。但无法自拔出来，只好自己安慰自己说道，"等我把知识的罐头装满了之后，再慢慢地修养身心以及讲求种种社会实务吧"。其实哪里有这回事？就修养方面论，把"可塑性"最强的青年时代白白过了。到毕业出校时，品格已经成型，极难改进。投身到万恶社会中，像洪炉燎毛一般，拢着边便化为灰烬。就实习方

---

① 先施公司：旧中国第一家自建百货公司。
② 蛊胀：中医指由水、气、瘀血、寄生虫等引起的腹部膨胀之病。

面论，在学校里养成空腹高心的习惯，与社会实情格格不入，到底成为一个书呆子，一个高等无业游民完事。

青年们啊，你感觉这种苦痛吗？你发现这种危险吗？我告诉你唯一的救济法门，就是依着王阳明知行合一之教去做。

最有价值的学术口号

知行合一是一个"讲学宗旨"。黄梨洲①说:"大凡学有宗旨,是其人之得力处,亦即学者之入门处。天下之义理无穷,苟非定以一二字,如何约之使其在我?"(《明儒学案·发凡》)②所谓"宗旨"者,标举一两个字或一两句话头,包举其学术精神之全部,旗帜鲜明令人一望而知为某学派的特色。正如现代政治运动社会运动之"喝口号",令群众得个把柄,集中他们的注意力,则成功自易。凡讲学大师标出一个宗旨,他自己必几经试验,痛下苦功,见得真切,终能拈出来,所以说是"其人得力处"。这位大师既已循着这条路成就他的学问,他把自己阅历甘苦指示我们,我们跟着他的路走下去,当然可以事半功倍而得和他相等的结果,所以说是"即学者入门处"。这种"口号式"的讲学法,宋代始萌芽,至明代而极成。"知行合一"便是明代第一位大师王阳明先生给我学术史上留下最有名而且最有价值的一个口号。

口号之成立及传播,要具备下列各种要素:

(一)语句要简单。令人便于记忆,便于持守,便于宣传。

---

① 黄梨洲(1610—1695年):即黄宗羲,明清之际思想家、史学家。字太冲,号南雷,学者称"梨洲先生",浙江余姚人。问学于刘宗周。明亡后隐居著述,屡拒清廷征召。与孙奇逢、李颙并称清初三大儒。所著《明儒学案》,开清代浙东史学研究之先河。

② 《明儒学案》:黄宗羲著,六十二卷。根据明代学者的文集语录,分析宗派,立学案十九。以王守仁学派为中心。书前有"发凡",以揭示全书旨趣和体例。每人先列小传,后载语录。对各人生平经历、著作、思想以及学术的传授,都有扼要叙述。为中国最早的有系统的学术思想史专著。

（二）意义要明确。明，谓显浅，令人一望而了解；确，谓严正，不含糊模棱以生误会。

（三）内容要丰富。在简单的语句里头能容得多方面的解释而且愈追求可以愈深入。

（四）刺激力要强大。令人得着这个口号便能大感动，而且积极地向前奋进。

（五）法门要直捷。依着他实行，便立刻有个下手处。而且不管聪明才力之大小，各各都有个下手处。

无论政治运动、学术运动、文艺运动……凡有力的口号，都要如此。在现代学术运动所用口号，还有下列两个消极的要素：

（一）不要含宗教性。因为凡近于迷信的东西，都是足以阻碍我们理性之自发，而且在现代早已失其感动力。

（二）不要带玄学性。因为很玄妙的道理，其真价值如何姑勿论，纵使好极，也不过供极少数人高尚娱乐之具，很难得多数人普遍享用。根据这七个标准来评定中外古今学术之"宗旨"，即学术运动之口号，我以为阳明知行合一这句话，总算最有永久价值而且最适用于现代潮流的了。

阳明所用的口号也不止一个，如"心即理"①，如"致良知"都是他最爱用的，尤其是"致良知"这个口号，他越到晚年叫得越响②。此外如"诚意"③，如"格物"④都是常用的。骤看起来，好像五花八门，应接不暇，其实他的学问是整个的，是一贯的。翻来覆去，说的只是这一件事。所以我

---

① 《传习录》多处辨析"心即理"，如"我如今说个心即理，只为世人分心与理为二，便有许多病痛"。
② 按《明儒学案·姚江学案》卷十：江右以后，专提"致良知"三字。
③ 诚意：语出《大学》："欲正其心，先诚其意。"使人心志真诚。
④ 格物：语出《大学》："致知在格物，物格而后知至。"推究事物之理。

们用知行合一这个口号代表他的学术全部,是不会错的,不会遗漏的。

口号须以内容丰富为要素,既如前述。"知行合一"这一句话,望过去像很简单,其实里头所含意义甚复杂、甚深邃,所以先要解剖他的内容。

知行合一说之内容

知行是两个字说一个功夫

把知行分为两件事,而且认为知在先行在后,这是一般人易陷的错误。阳明的知行合一说,即专为矫正这种错误而发。但他立论的出发点,今因解释《大学》①和朱子有异同,所以欲知他学说的脉络,不能不先把《大学》原文做个引子。

《大学》说:"欲修其身者先正其心,欲正其心者先诚其意,欲诚其意者先致其知,致知在格物。"这几句话教人以修养身心的方法,在我们学术史上含有重大意味。自朱子特别表章这篇书,把他编作四书之首,故其价值越发增重了。据朱子说这是"古人为学次第"。(《大学章句》)要一层一层地做上去,走了第一步才到第二步。内中诚意正心修身是力行的功夫,格物致知是求知的功夫。

【案语】朱子即朱熹(1130—1200年),南宋哲学家、教育家。字符晦,一

---

① 《大学》:儒家经典之一。《礼记》中的一篇,约为秦汉之际儒家作品。儒程颢、程颐尤其重视《大学》,将它抽出加以改编,使之独立成篇,朱熹以此为基础分为经、传,作成章句,通过注释阐发己意,将它和《论语》《孟子》《中庸》和编为《四书》。提出明明德、亲民、止于至善的三纲领和格物、致知、诚意、正心、修身、齐家、治国、平天下的八条目,成为南宋以后理学家讲伦理、政治、哲学的基本纲领。

字仲晦，号晦庵，别称紫阳。徽州婺源（今属江西）人，侨寓建阳（今属福建）。任秘阁修撰等职。主张抗金，并强调准备。师事李侗，为二程（颢、颐）四传弟子。博极群书，广注典籍，对经学、史学、文学、乐律以至自然科学有不同程度贡献。在哲学上发展了二程关于理气关系的学说，集理学之大成，建立了一个完整的客观唯心主义的理学体系，世称程朱学派。认为理气相依而不能相离，"天下未有无理之气，亦未有无气之理"。但又断言："理在先，气在后"；"有是理便有是气，但理是本。"把一理和万理看作"理一分殊"的关系。提出"凡事无不相反以相成"，事物"只是一分为二，节节如此，以至于无穷，皆是一生两尔"。强调知先行后，但又认为"知行相须"，注意到行在认识中的重要性。强调"天理"和"人欲"的对立，要求人们放弃"私欲"，服从"天理"。从事教育五十余年，强调启发式。吸收当时科学成果，提出了对自然界变化的某些见解，如关于阴阳二气的宇宙演化说，如从高山上残留的螺蚌壳论证地质变迁（原为海洋）等。他的理学一直成为后来封建地主阶级统治人民的理论工具，在明清两代被提到儒学正宗的地位。他的博览和精密分析的学风对后世学者很有影响。日本在江户时代，"朱子学"也颇流行。著作有《四书章句集注》《周易本义》《诗集传》《楚辞集注》，及后人编纂的《晦庵先生朱文公文集》和《朱子语类》等多种。

朱子对于求知功夫看得尤重，他因为《大学》本文对于诚意以下都解释，对于致知格物没有解释，认为是有脱文，于是作了一篇《格致补传》，说道：所谓"致知在格物"者，言欲致吾知，在即物而穷其理也。盖人心之灵莫不有知，而天下之物莫不有理。惟于理有未穷，故其知有不尽也。是以《大学》始教，必使学者即凡天下之物，莫不因其已知之理而益穷之以求至乎其极。至于用力之久，而一旦豁然贯通焉，则众物之表里精粗无不到，而吾心之全体大用无不明矣……依朱子这种用功法，最少犯了下列两种毛病：一是泛滥无归宿，二是空伪无实著。天下事物如此其多，无论何事何物，若想用科学方法"因其已知之理而益穷之以求至乎其极"，单一件已够消磨你一生精力了。朱子却是用"即凡天下之物"这种全称名词，试问何年何月才能"即凡"都"穷"过呢？要先做完这段功夫才讲到诚意正心……等等，那么诚正修齐治平的工作，只好待诸转轮再世了。所以结果是泛滥无归宿。况且朱子所谓"穷理"并非如近代科学家所谓客观的物理，乃是抽象的徜况无朕①的一种东西。所以他说有"一旦豁然贯通则表里精粗无不到"那样的神秘境界。其实那种境界纯是可望不可即的，或者还是自己骗自己。倘若具有这种境界，那么"豁然贯通"之后，学问已做到尽头，还用着什么诚意正心……等等努力。所谓"为学次第"者何在，若是自己骗自己，那么用了一世格物穷理功夫，只落得一个空。而且不用功的人哪个不可以伪托，所以结果是虚伪无实着。

阳明那时代，"假的朱学"正在成行，一般"小人儒"都夹着一部《性理大全》②作举业的秘本。言行相远，风气大坏。其间一二有志之士，想依着朱子所示法门切实做去，却是前举两种毛病，或犯其一，或兼犯其二，到底不能有个得力受用处。阳明早年固尝为此说所误，阅历许多甘苦，不能有得（注一），后来在龙场驿三年③，劳苦患难，九死一生，切实体验，才能发明这知行合一之教。

---

① 徜况：犹彷徨。无朕：亦作"无朕"，没有迹象或先兆。
② 《性理大全》：明胡广等奉明成祖命编撰。共七十卷，所采宋儒之说凡一百二十家，其中有自为卷帙者如《太极图说》《皇极经世》等，计九种，共二十六卷。二十七卷以下，分门编纂为理气、鬼神、性理、道统、圣贤、诸儒、学、诸子、历代、君道、治道、诗、文等十三类。
③ 王阳明龙场驿三年之事，详见于书后《王阳明年表》。

注一：《传习录》黄以方①记阳明说："初年与友论做圣贤要格天下之物，因指亭前竹子令格去看，友格了三日，便劳神致疾。某说他精力不足，因自生穷格，到七日亦以劳思成疾。遂相与叹圣贤是做不得的，无他力量去格物了。"观此知阳明曾犯过泛滥无归宿的病。又文集《答季明德书》云："若仁之不肖，亦常陷溺于其间者几年，侁侁然自以为是矣。赖天下之灵偶有悟于良知之学，然后悔其向之所为者，固包藏祸心，作伪于外而心劳日拙者也……"观此知阳明曾犯过虚伪无着的病。

"知行合一"这四个字，阳明终身说之不厌。一部《王文成公全书》，其实不过这四个字的注脚。今为便于学者记忆持习起见，把他许多话头分成三组。每组拈出几个简要的话做代表。

第一组，"未有知而不行者，知而不行，只是未知。"（《传习录》徐爱②记）

第二组，"知是行的主意，行是知的功夫，知是行之始，行是知之成。"（同上）

第三组，"知行原是两个字说一个功夫，知之真切笃实处便是行，行之明觉精察处便是知。"（《文集·答友人问》）

第一组的话是将知行的本质为合理的解剖说明。阳明以为凡人有某种感觉，同时便起某种反应作用。反应便是一种行为，感觉与反应，同时而生，不能分出个先后。他说：

> 《大学》指出个真知行与人看说，"如好好色，如恶恶臭。"见好色属知，好好色属行，只见那好色时已自好了，不是见了后又立个

---

① 黄以方：黄直，字以方，江西金溪人。明中期学者、诤臣。初，受业于王守仁。嘉靖二年（1523年）进士，隆庆（1567年）初，赠光禄少卿。

② 徐爱（1487—1517年）：明代哲学家、官员。字曰仁，号横山，浙江省余姚马堰人。为王守仁最早之入室的弟子。明正德三年（1508年）进士及第。正德十一年（1516年），回乡省亲，次年于家乡去世，终年三十一岁。王守仁闻其避世，悲恸大哭。徐爱为《传习录》最早记录者。

心去好。闻恶臭属知,恶恶臭属行,只闻那恶臭时已自恶了,不是闻了后又立个心去恶。如鼻塞人虽见恶臭在前,鼻中不曾闻得,便亦不甚恶,亦是不曾知臭……(《传习录》徐爱记)(注二)

注二:《大学》"如恶恶臭如好好色"那两句话是解释"诚意"的,阳明却说他"指出个真知行"。阳明认致知为诚意的功夫,诚意章所讲即是致知的事,故无需再作《格致补传》也。此是阳明学术脉络关键所在,勿轻轻看过。

这段譬喻,说明知行不能分开,可谓深切着明极了。然犹不止此,阳明以为感觉(知)的本身,已是一种事实,而这种事实早已含有行为的意义在里头。他说:

又如知痛,必已自痛了方知痛;知寒,必已自寒了;知饥,必已自饥了。知行如何分得开,此便是知行的本体,不曾有私意隔断的。(注三)必要时如此,方可谓之知,不然只是不曾知。(同上)

注三:此文虽说"知行本体",其实阳明所谓本体专就"知"言,即所谓良知是也。但他既已把知行认为一事,知的本体也即是行的本体,所以此语亦无病。又阳明是主张性善说的,然而恶从哪里来呢?他归咎于私意隔断,此是阳明学重大条目,详见《知行合一与致良知》。

常人把知看得太轻松了,所以有"非知之艰,行之维艰"一类话。(案这是《伪古文尚书》语)徐爱问阳明:"今人尽有知得父当孝兄当悌者,却不能孝不能悌便是知与行分明是两件事。"阳明答道:

"如称某人知孝,某人知悌,必是其人已曾行孝行悌,方可称他知孝知悌,不成只是晓得说些孝悌的话便可称为知孝知悌。"(同上)

譬如现在青年们个个都有自以为知道要爱国,却是所行所为,往往与爱国相反。常人以为他是知而不行,阳明以为他简直不知罢了。若是真知道爱国滋味和爱他恋人一样（如好好色），绝对不会有表里不一的。所以得着"知而不行，只是不知"的结论。阳明说："知行之体本来如是，非以己意抑扬其间，姑为是说以苟一时之效者也。"（《答顾东桥①书》）

第二组的话，是从心理历程上看出知行是相依相待的，正如车之两轮，鸟之两翼，缺了一边，哪一边也便不能发生作用了。凡人做一件事，必须先打算去做，然后会着手去做去。打算便是知，便是行的第一步骤。换一面看，行是行个什么，不过把所有打算的实现出来。非到做完了这件事时候最初的打算不曾完成，然则行也是贯彻所知的一种步骤。阳明观察这种心理历程，把他分析出来，说道："知是行的主意，行是知的功夫。知是行之始，行是知之成。"当时有人问他道：如知食乃食，知路乃行，未有不见是物，先有是事。"阳明答道：

> 夫人必有欲食之心然后知食，欲食之心即是意，即是行之始矣。食味之美恶，必待入口而后知，岂有不待入口而已先知食味之美恶者耶？必有欲行之心然后知路，欲行之心就是意，即是行之始矣。路途之险夷，必待身亲履历而后知，岂有不待身亲履历而已先知路途之险夷者耶？（《答顾东桥书》）

现在先解释"知是行的主意""知是行之始"那两句话。阳明为什么

---

① 顾东桥（1476—1545年）：即顾璘，明代官员、文学家。字华玉，号东桥居士，长洲（今江苏省吴县）人，寓居上元（今江苏省南京市），有知人鉴。弘治间进士，授广平知县，累官至南京刑部尚书。少有才名，以诗著称于时，与其同里陈沂、王韦号称"金陵三俊"，后宝应朱应登起，时称"四大家"。著有《浮湘集》《山中集》《息园诗文稿》等。

和人辨论"知"字时却提出"意"字来呢？阳明以为我们所有一切知觉，必须我们的意念涉着于对境的事物终能发生。（注四）离却意念而知觉独立存在，可谓绝对不可能的事。然则说我们知道某件事，一定要以我们的意念涉着这件事为前提。意念涉着是知的必要条件，然则意即是知的必须成分。意涉着食物方会知，而意生涉着那事物便是行为的发轫。这样说来，"知是行之始"无疑了。由北京去南京的人，必须知有南京，原是不错的。为什么知有南京，必是意念已经涉着南京。涉着与知，为一刹那间不可分割的心理现象。说他是知，可以；说他是行的第一步，也可以。因为意念之涉着不能不认为行为之一种。

注四：见《心物合一论》。

不行而求知，终究不会知

再解释"行是知的功夫""行是知之成"那两句。这两句较上两句尤为重要，阳明所以苦口婆心说个知行合一，其着眼实在此点。我们的知识从哪里得来呢？有人说，从书本上可以得来；有人说，从听讲演或谈论可以得来；有人说，用心冥想可以得来。其实都不对，真知识非实地经验之后是无从得着的。你想知道西湖风景如何，读几十种西湖游览志便知道吗？不。听人讲游西湖的故事便知道吗？不。闭目冥想西湖便知道吗？不。你要真知道，除非亲自游历一回。常人以为，我走先知后行的功夫，虽未实行，到底不失为一个知者。阳明以为这是绝对不可能的事，他说：

> 今人却将知行分作两件事去做，以为必先知了然后能行。我如今且去讲习讨论做知的功夫，待知得真了方去做行的功夫。故遂终身不行，亦遂终身不知。此不是小病痛。（《传习录》徐爱记）

这段话，现在学校里贩卖智识的先生们和购买智识的学生们听了不知如何？你们岂不以为我的学问虽不曾应用，然而已经得着智识，总算不白费光阴吗？依阳明看法，你们卖的买的都是假货，固为不曾应用的智识绝对算不了知识。方才在第一组所引的话"未有知而不行者，知而不行，只是不知。"今我不妨阳明之意，套前调补充几句："未有不行而知者，不行而求知，终究不会知。"这样说来，我们纵使以求知为目的，也不能不以力行为手段。很明白了，所以说"行是知的功夫"。又说"行是知之成"。

《中庸》①说:"博学之,审问之,慎思之,明辨之,笃行之。"后人以为学问思辨属知的方面讲,末句才是属行的方面。阳明以为错了,他说:

> 夫学问思辨行,皆所以为学。未有学而不行者也。如言学孝,则必服劳奉养,躬行孝道,然后谓之学。岂徒悬空口耳讲说,而遂可以谓之学孝乎?学射,则必张弓挟矢,引满中的。学书,则必伸纸执笔,操觚染翰。尽天下之学,无有不行而可以言学者。则学之始,固已即是行矣……学之不能以无疑,则有问。问即学也,即行也。又不能无疑,则有思……有辨。思辨即学也,即行也……非谓学问思辨之后而始措之于行也。是故以求能其事而言,谓之学。以求解其惑而言,谓之问。以求通其说而言,谓之思。以求精其察而言,谓之辨。以求履其实而言,谓之行。盖析其功而言,则有五。合其事而言,则一而已。(《答顾东桥书》)

又说:

> 凡谓之行者,只是着实去做这件事。若着实做学问思辨的功夫,则学问思辨亦便是行矣。学是学做这件事,问是问做这件事,思辨是思辨这件事。则行亦便是学问思辨矣。若谓学问思辨了然后去行,却如何悬空去学问思辨,行时又如何去得个学问思辨的事。(《答友人问》)

---

① 《中庸》:儒家经典之一。原是《礼记》中的一篇。相传战国时子思作。内容肯定"中庸"是道德行为的最高标准,并提出"诚者不勉而中,不思而得,从容中道,圣人也",把"诚"看成是世界的本体,认为"至诚"则达到人生的最高境界。并提出"博学之,审问之,慎思之,明辨之,笃行之"的学习过程和认识方法。宋代从《礼记》中把它抽出,与《大学》《论语》《孟子》合为"四书"。

据这两段话，拿行来概括学问思辨也可以，拿学来概括问思辨行也可以。总而言之，把学和行打成一片，横说竖说都通。若说学自学，行自行，那么，学也不知是学个什么，行也不知是行个什么了。

有人还疑惑，将行未行之前，总需要费一番求知的预备功夫，才不会行错。问阳明道，"譬之行道者，以大都为所归宿之地。行道者不辞险阻艰难，决意向前。如使此人不知大都所在而泛焉欲往可乎。"阳明答道：

> 夫不辞险阻艰难而决意向前，此正是"诚意"，审如是，则其所以问道途具资斧戒舟车，皆有不容己者。不然，又安在其为决意向前，而亦安所前乎？夫不知大都所在而泛然欲往，则亦欲往而已，未当真往也。惟其欲往而未当真往，是以道途之不问，斧资之不具，舟车之不戒。若决意向前，则真往矣，真往者能如是乎？此是功夫切要处，试反求之。（《答王天宇①第二书》）

又有人问："天理人欲，知之未尽，如何用得克己功夫。"阳明答道：

> 若不用克己功夫，天理私欲，终不自见。如走路一般，走得一段，方认得一段，走到歧路处，有疑便问。问了又走，方才能到。今于已知之天理不肯存，已知之人欲不肯去。只管愁不能尽知，闲讲何益。（《传

---

① 王承裕（1465—1538年），字天宇，号平川。陕西三原人。王恕季子。弘治六年（1493年）进士。授兵科给事中，迁吏掌科。历官太仆少卿、正卿，南京太常卿、户部右侍郎、南京户部尚书。其学受之家庭。讲学于弘道书院，弟子至不能容。冠婚丧祭之礼必率礼而行。有《太极动静图说》。

习录》陆澄记①）

这些话都是对于那些借口智识未重便不去实行的人痛下针砭，内中含有两种意思：其一，只要你决心实行，则智识虽缺少些也不足为病。因为实行起来，便逼着你不能不设法求智识，智识也便跟着来了，这便是"知是行之始"的注脚。其二，除了实行外，再没有第二条路得着智识。因为智识不是凭空可得的，只有实地经验。行过一步，得着一点。再行一步，又得一点，一步不行，便一点不得。这便是"行是知之成"的注脚。

通观前两组所说这些话，知行合一说在理论上如何能成立，已大略可见了。照此说来，知行本体既只是一件，为什么会分出两个名词。古人教人为学为什么又常常知行对举呢？关于这一点的答辩，我们编在第三组，阳明说：

> 知行原是两个字说一个功夫，这一个功夫，须着此两个字，方说得完全无弊。（《答友人问》）

又说：

> 知之真切笃实处便是行，行之明觉精察处即是知。知行功夫本不可离，只为后世学者分作两截用工，失却知行本体。固有知行合一并进之说，真知即所以为行，不行不足谓之知……（《答顾东桥书》）

---

① 陆澄，字原静，又字清伯，湖之归安人（今浙江吴兴）。进士。官至刑部主事。王阳明曾经叹曰："曰仁（徐爱）殁，吾道益孤，至望原静者不浅"。他的第一位学生徐爱英年早逝后，即将弘扬心学的期望寄托于陆澄。黄宗羲对他所记的先生语录也给予了很高的评价。

又说：

行之明觉精察处便是知，知之真切笃实处便是行。若行而不能精察明觉，便是冥行，便是学而不思则罔，所以必须说个知。知而不能真切笃实，便是妄想，便是思而不学则殆，所以必须说个行。原来只是一个功夫，古人说知行皆是就一个功夫上补偏救弊，不似今人分作两件事做。（《答友人问》）

又说：

若会得时，只说一个知，已自有行在。只说一个行，已自有知在。古人所以既说一个知又说一个行者，只为世间有一种人懵懵懂懂地任意去做，全不解思维省察，也只是个冥行妄作。所以必说个知方才得是。又有一种人茫茫荡荡悬空去思索，全不肯着实躬行，也只是揣摸影响。所以必说一个行，方知得真……今若得宗旨时即说两个亦不妨，亦只是一个。若不会宗旨，便说一个亦济得甚事，只是闲说话。（《传习录》徐爱记）

以上几段话，本文很明白，毋庸再下解释。我们读此，可以知道阳明所以提倡知行合一论者，一面固因为"知行之体本来如此"，一面也是针对末流学风"补偏救弊"的作用。我们若想遵从其教得个着力处，只要从真知真行上切实下功夫。若把他的话只当作口头禅，虽理论上辨析得很详细，却又堕于"知而不行只是不知"的痼疾，非复阳明本意了。

然则阳明所谓真知真行到底是什么呢？关于这一点，我打算留待"论知行合一与致良知"时再详细说明。

试拿现代通行的话说个大概，则"动机纯洁"四个字，庶几近之。动是行，所以能动的机括是知，纯是专精不疑二，洁是清醒不受蔽，质而言之，在意念隐微处（即动机）痛切下功夫。如孝亲，须把孝亲的动机养得十二分纯洁，有一点不纯洁处务要克治去；如爱国，须把爱国的动机养得十二分纯洁，有一点不纯洁处务要克治去。纯洁不纯洁，自己的良知当然会看出，这便是知的作用。看出后顿时绝对的服从良知命令去做，务要常常保持纯洁的本体，这便是行的作用。若能如此，自能"好善如好好色，恶恶如恶恶臭"，便是《大学》诚意的全功，也即是正心修身致知格物的全功，所以他说："君子之学诚意而已矣？"（《答王天宇书》）意便是动机，诚是务求纯洁，阳明知行合一说的大头脑，不外如此。他曾明白宣示他的立言宗旨道：

> 今人只因知行分作两件，故有一念发动，虽是不善，然却未曾行，便不去禁止。我今说个知行合一，正要人晓得一念发动处便即是行了……须要彻根彻底不使那一念潜伏在胸中，此是我立言宗旨。（《传习录》黄直记）

他说：

> "杀人须在咽喉处着刀，为学须在心体入微处用力。"（《答黄宗贤[①]第五书》）

[①] 黄宗贤：黄绾（wǎn 挽）（约1477—约1551年），明学者。字叔贤，号久庵、石龙。黄岩（今属浙江台州）人。官至南京礼部尚书。为学初宗程朱，后转师王守仁。晚年思想一变，认为"宋儒之学，其入门皆由于禅"，痛心于"禅说益盛，实理益失"。（《明道编》卷一）批评王守仁的"致良知"说，认为"空虚之弊，误人非细"。强调学问与笃行的联系，反对王守仁"不思""不走意"的说法，主张知识应从日常生活中获得，重视"困知勉行之功"。著作有《石龙集》《明道编》。

他一生千言万语，说的都是这一件事。而其所以简易直捷，令人实实落落得个下手处，亦正在此。

于是我们所最要知道的，是阳明对于一般人所谓"智识"者，其所采态度如何。是否有轻视或完全抹煞的嫌疑，现在我们要解决这个问题作本章的结论。

知识是诚心发出来的条件

阳明排斥书册上知识，口耳上知识，所标态度，极为鲜明。他说：

> 后世不知作圣之本，却专去知识才能上求圣人，弊精竭力，从册子上钻研，名物上考察，形迹上比拟，知识愈广，而人欲愈滋，才力愈多，而大理愈蔽……（《传习录》薛侃①记）

从这类话看来，阳明岂不是认知识为不必要吗？其实不然，他不是不要知识，但以为"要有个头脑"。（《传习录》徐爱记）头脑（注五）是什么呢？我们叫他做诚意亦可以，叫他致良知亦可以，叫他动机纯洁亦可以。若没有这头脑，知识愈多愈坏。譬如拿肥料去栽培恶树的根，肥料越下得多，他越畅茂，四旁嘉谷越发长不成了。（《传习录》陆澄记）有了头脑之后，知识当然越多越好。但种种知识，也不消费多大的力，自然会得到，因为他是头脑发出来的条件。有人问："如事父母起见温清定省②之类，有许多节目，不知亦须讲求否"。阳明答道：

---

① 薛侃（1486—1546年），字尚谦，世称"中离先生"。明代潮州府揭阳人（今潮州市潮安县）人，明代岭南大儒。1517年（明正德十二年）登丁丑科进士第。在江西赣州亲炙阳明之教，师事王阳明于江西赣州。深契良知学旨。终年六十岁。后传王阳明学于岭南。存世著作有《研几录》《图书质疑》等，《潮州耆旧集》收有《薛御史中离集》三卷，后人又编有《薛中离先生全书》二十卷。

② 温清定省：冬天使被子温暖，夏日让室内清凉，晚间给父母安睡，早晨起来问候安好。形容对父母尽心侍奉。

> 如何不讲求，只是有个头脑……此心若是个诚于孝亲的心，冬时自然思量父母的寒，便自要去求做温的道理，夏时自然思量父母的热，便自要去求个凉的道理。这都是那诚孝的心发出来的条件，却是须有这诚孝的心，然后有这条件发出来。譬之树木，诚孝的心便是根，许多条件便是枝叶，须先根，然后有枝叶。不是先寻了枝叶然后去种根。（《传习录》徐爱记）

注五：此是概括《传习录》中语。原文所谓头脑者，谓"只是此心去人欲存天理"，意思只是要动机纯洁，今易其语，俾易了解。

知识是诚心发出来的条件，这句话便是知行合一论最大的根据了。然而条件是千头万绪千变万化的，有了诚心（即头脑）碰着这件，自然会讲求这件，走到那步，自然会追求前一步。若想在实行以前或简直离开实行而泛泛然去讲习讨论那些条件，那么，在这千头万绪千变万化中，从哪里讲习起呢？阳明关于此点，有最明快的议论。说道：

> 夫良知之于节目时变①，犹规矩尺度之于方圆长短也。节目时变之不可预定，犹方圆长短之不可胜穷也。故规矩诚立，则不可欺以方圆，而天下之方具不可胜用矣。尺度诚陈，则不可欺以长短，而天下长短不可胜用矣。良知诚致，则不可欺以节目时变，而天下之节目时变不可胜应矣。毫厘千里之谬，不于吾心良知一念之微而察之，亦将何所用其学乎。是不以规矩而欲定天下之方圆，不以尺度而欲尽天下之长短，吾见其乖张谬戾，日劳而无成也已。（《答顾东桥书》）

这段话虽然有点偏重主观的嫌疑，但事实上我们对于应事接物的知

---

① 节目：事情的条目。时变：指时世变化的规律。

识,如何才能合理,如何便不合理,这类标准,最后终不能不以主观的良知为判断,此亦事之无可如何者。即专以求知的功夫而论,我们也断不能把天下一切节目时变都讲求明白才发手去做。只有先打定主意诚诚恳恳去做这件事,自然着手之前逼着做预备知识功夫。着手之后,一步一步地磨炼出知识来。正所谓"知是行之始,行是知之成"也。今请更引阳明两段话以结本章:

> 良知不由见闻而有,而见闻莫非良知之用,故良知不滞于见闻,而亦不离于见闻……大抵学问功夫,只要主意头脑是当,若主意头脑专以致良知为事,则凡多见,莫非致良知之功……(《答欧阳崇一书》)

> 君子之学,何尝离去事为而废论说?但其从事为论说者,要皆知行合一之功,正所以致其本心之良知,而非若世之徒事口耳谈说以为知者,分知行为两件事,而果有节目先后之可言也。(《答顾东桥书》)

【案语】知行合一为王阳明根本认识论学说。与程学派的"知先行后"论相对。这一思想在宋儒中已露端倪。程颐说:"人既能知见,岂有不能行。"明清之际黄宗羲据此说按:"伊川先生已有知行合一之言矣。"(《宋元学案·伊川学案·案语》)南宋陈淳也认为"致知力行二事,当齐头着力并做,不是截然为二事,先致知然后行,只是一套底事"(《宋元学案·北溪学案》)。王守仁则针对朱熹"理虽散在万事,而实不外乎一人之心"的观点,指出:"外心以求物理,此知行之所以二也,求理于吾心,此圣门知行合一之教。"(《传习录》中)明确提出"知行合一"说。认为"知是行的主意,行是知的功夫,知是行之始,行是知之成"。(《传习录》上)既反对"懵懵懂懂的仁义去做";又反对"茫茫荡荡悬空去思索"(同上)。他的"知"即致吾心之良知,"行"即"致良知于事事物物",知行合一的本体即是"致良知"。他说"一念发动处,即便是行了"(《传习录》下),"知之真切笃实处便是行"(《传习录》中),"只说一个知,已自有行在"(《传习录》上),得出"知即是行""以知为行"的结论。强调对于"一念发动处"的"不善之念",要"防于未萌之先""克于方萌之际"。此外,在"知行合一"说中,还有"知行并进"(同上)、"真知即所以为行,不行不足谓之知"(《传习录》中)、"识味之美恶,必待入口后知"(同上)等说法。"知行合一"说,对从朱熹的"知先行后"到王夫之的"行先知后"的发展,有一定的作用。

知行合一说在哲学上的根据

心理合一与心物合一

知行合一,本来是一种实践的工作,不应该拿来在理上拨弄,用哲学家贪玄的头脑来讨论这个问题,其实不免有违反阳明本意的危险。(后来王学末流,失其真想,正犯此弊。)但是凡一个学说所以能成立光大,不能不有极深远极强固的理由在里头。我们想彻底了解知行合一说之何以能颠扑不破,当然不能不推求到他在哲学上的根据。

阳明在哲学上有极高超而且极一贯的理解。他的发明力和组织力,比朱子陆子①都强。简单说,他是一位极端的唯心论者,同时又是一位极端的实验主义者。从中国哲学史上看,也一面像禅宗②,一面又像颜习

---

① 陆子:即陆九渊(1139—1193年),南宋哲学家、教育家。字子静,自号存斋。抚州金溪(今属江西)人。学者称象山先生。其学与兄九韶、九龄并称"三陆子之学"。"心学"创始人。提出"心即理"说,断言天理、人理、物理只在吾心之中,心是唯一的实在。认为"心"和"理"是永久不变的。他的学说后由明王守仁继承发展,形成陆王学派。著作编为《象山先生全集》。

② 禅宗:中国佛教宗派之一,又称"佛心宗"。以专修禅定为主,故名。南朝宋末菩提达摩来华传印度禅僧授禅法而创立。主张不立文字,教外别传,直指人心,见性成佛。唐后期,禅学成为佛学的同义词,影响及于宋明理学乃至近代。

斋①。从西洋哲学史上看，他一面像英国的巴克黎②，一面又像美国的詹姆士③。表面上像距离很远的两派学说，他能冶为一炉，建设他自己一派极圆融极深切的哲学，真是异事。

阳明的知行合一说，从他的"心理合一说""心物合一说"演绎出来。拿西洋哲学的话头来讲，可以说他是个绝对的一元论者④。"一"者何，即"心"是也。他根据这种唯心的一元论，于是把宇宙万有都看成一体，把圣贤多少言语都打成一片，所以他不但说知行合一而已，什么都是合一。孟子说"夫道一而已矣"，他最喜欢引用这句话。（注六）

注六：《传习录》卷下："问，圣贤许多言语，如何却要打成一个。"曰："不是我要打做一个，如曰：'夫道一而已。'又曰：'其为物不二则其生物不测。'天地圣人，皆是一个如何二得？"

他的心理合一说、心物合一说，从解释《大学》引申出来，我们要知道他立论的根源，不能不将《大学》本文仔细解释。《大学》说："欲修其身者先正其心，欲正其心者先诚其意。"这两句话没有什么难解，但下文紧接着说："欲诚其意者先致其知，致知在格物。"这两句却真费解了，诚意是属于志意方面的，致知是属于知识方面的。其间如何能发生密切的联

---

① 颜习斋（1635—1704年）：即颜元，字易直，又字浑然，号习斋，博野（今属河北）人。清初思想家、教育家。批判程朱，提倡恢复"周孔正学"。学术上和弟子李塨倡导实学，强调"习行""习动"，反对读死书的学风，世称"颜李学派"。
② 巴克黎：即乔治·贝克莱（George Berkeley，1685—1753年），英国哲学家，主观唯心主义经验论的主要代表之一，提出"物是观念的集合""存在就是被感知""对象与感觉原是一种东西"等命题。
③ 詹姆士：威廉·詹姆斯（William James，1842—1910年），美国心理学之父、教育学家，实用主义的倡导者。
④ 一元论：主张世界的本原只有一个。该词由德国哲学家沃尔弗所创用。唯物主义一元论肯定物质是世界的本原，唯心主义一元论认为精神是世界的本原。

络关系，说欲意志坚强（欲诚其意）先要知识充足（先致其知），这话如何讲得去。朱子添字解经说"格物"是"穷至事物之理"，想借一"理"字来做意与知之间一个联锁。于是"致知在格物"改成"致知在穷理"。格物是否可以作穷理解，另一问题，若单就"致知在格物"一句下解释，则朱子所谓"惟理有未穷，故其知有不尽"，原未尝不可以自成片段。所最难通者，为什么想要诚意必先得穷理，理穷之后为什么便会诚。这两件事无论如何总拉不拢来。所以朱子教人有两句重要的话："涵养须用敬，进学则在致知"。上句是诚正的功夫，下句是格致的功夫。换句话说，进学是专属于求知识方面，与身心之修养无关系，两者各自分道扬镳。对于《大学》所谓"欲什么先什么，欲什么先什么"，那种层累一贯的论法，不独理论上说不通，连文义上也说不通了。

心物合一论

阳明用孟子"良知"那两个字来解释《大学》的"知"字。良知是"不学而能"的,即是主观的"是非之心"。欲诚其意者,必先致其有是非之心的良知,这样一来,诚意与致知确能生出联络关系了。却是"致知在格物"那一句又解不通。若如就说解格物为"穷至事物之理",则主观的良知与事物之理又如何能有直接关系呢?欲对于此点得融会贯通,非先了解阳明的心物合一论不可,阳明说:要知身心意知物,是一件。问:"物在外,如何与身心意知是一件?"答道:

"耳目口鼻四肢,非心安能视听言动,心欲视听言动,无耳目口鼻四肢亦不能,故无心则无身,无身则无心。但指其充塞处言之谓之身,指其主宰处言谓之心,指心之发动处谓之意,指意之灵明处谓之知,指意之涉着处谓之物。只是一件,意未有悬空的必着事物……"(《传习录》陈惟濬①记)

又说:

身之主宰便是心,心之所发便是意,意之本体便是知,意之所在便是物。(《传习录》徐爱记)

---

① 陈九川(1494—1562年),字惟濬,又字惟濬,号竹亭,后号明水,江西临川人,明中期理学家、诗人。正德九年(1514年)进士,授太常博士,后辞官归家,以读书、讲学自遣。崇尚心学,曾拜王守仁为师,是江右王门代表人物。

又说：

　　心者身之主也，而心之虚灵明觉，即所谓本然之良知也。其虚灵明觉之良知感应而动者谓之意，有知而后有意，无知则无意矣，知非意之本体乎。意之所用必有其物，物即事也。如意用于事亲，即事亲为一物；意用于治国，则治国为一物；意用于读书，即读书为一物；意用于听讼，即听讼为一物。凡意之所在，无有无物者……（《答顾东桥书》）

又说：

　　目无体，以万物之色为体；耳无体，以万物之声为体……心无体，以天地万物感应之是非为体。（《传习录》黄省曾[①]记）

【案语】王守仁心学理论的一个重要命题是"意之所在便是物"（《传习录》上）。认为"意"是"心之所发"的一种意念、动机，故说"意之本体便是知"（同上）。意念所及，动机发出，其内容无论是关于道德伦理还是行为感觉等等都是对象。例如，只要意在事亲，意在事君、意在仁人爱物、意在视听言动，都可称作"物"。所以他又说"物者，事也。凡意之所发必有其事，意所在之事谓之物"（《大学问》）。以此论证意、知、物、事以及闻见行动均统一于一心，主观客观合而为一。

现在请综合以上四段话来下总解释，阳明主张"身心意知物是一件"，这

---

① 黄省曾（1490—1540年），字勉之，号五岳山人，吴县（今江苏苏州）人，嘉靖十年（1531年）以《春秋》乡试中举，名列榜首，后进士累举不第，转攻诗词绘画。王阳明讲学越东，往见执子弟礼。

句话要分两步解剖才能说明。第一步从生理心理学上说明身心意知如何会是一件。第二步从论理学上或认识论上说明主观的身心意知和客观的物如何会是一件。

先讲第一步。身与心，骤看起来像是两件，但就生理和心理的关系稍为按实一下，则"耳目口鼻四肢非心不能视听言动，心欲视听言动，离却耳目口鼻四肢亦不能"，这是极易明之理，一点破便共晓了。心与意的关系"心之发动便是意"，这是人人所公认，不消下解释。比较难解的是意与知的关系。"意之本体便是知"这句话，是阳明毕生大头脑。他晚年倡"良知是本体"之论，不外从此语演进出来。他所郑重说明的"有知即有意，无知则无意"这句话。我们试内省心理历程，不容我不首肯，然则知为意的本体亦无可疑了。阳明把生理归纳到心理上，再把心理的动态集中到意上，再追求他的静态，发现出知为本体。于是"身心意知是一件"的理论完全成立了。

再论第二步。主观的心和客观的物各自独立，这是一般人最易陷的错误。阳明解决这问题，先把物字下广义的解释。所谓物者不专限于有形物质，连抽象的事物如事亲治国读书等凡我们认识的对象都包括在里头，而其普遍的性质是"意之所在"意之所涉着处。再回头来看心理状态则"意之所在所涉，未有无物者""意不能悬空发动，一发动便涉着到事物"，层层推剥不能不归到"心无体以万物之感应为体"的结论。然则从心理现象观察，主观的心不能离却客观的事物即单独存在较然甚明，这是从心的方面看出心物合一。

从"物"的维度来究心物一体

翻过来从物理上观察,也是得同一的结论。阳明以为"心外无物",(《答王纯甫①书》)又说:"有是意则有是物,无是意即无是物矣。"(《答顾东桥书》)有人对于他这句话起疑问,他给他以极有趣的回答,《传习录》记道:

> 先生游南镇,一友指岩中花树问曰:"天下无心外之物,如此花树,在深山中,自开自落,于我心亦何相关。"先生曰:"尔未看此花时,此花与尔心同归于寂,尔来看此花时,则此花颜色,一时明白起来,便知此花不在尔的心外。"(黄省曾记)

又说:

> 我的灵明,便是天地鬼神的主宰。天没有我的灵明,谁去仰他高;地没有我的灵明,谁去俯他深;鬼神没有我的灵明,谁去辨他吉凶灾祥。天地鬼神万物,离却我的灵明,便没有天地鬼神万物了,我的灵明离却天地鬼神万物,亦没有我的灵明……今看死的人,他的天地万物,尚在何处。(《传习录》黄直记)

《中庸》说"不诚无物",《孟子》说"万物皆备于我"。这些话都是"心

---

① 王纯甫:即王道,字纯甫,号顺渠,山东武城人。明正德辛未进士,选庶吉士。历官吏部主事,历考功文选郎中,南京祭酒,南太常寺卿,南户部右侍郎,礼部侍郎,掌国子监事,又改吏部而卒。赠礼部尚书,谥号文定。

外无物论"的先锋，但没有阳明说的那样明快。他所说"你未看此花时，此花与你同归于寂"，又说"死了的人他的天地万物在何处"，真真算得彻底的唯心派论调。这类理论和譬喻，西洋哲学史上从黑格尔[①]到罗素[②]，打了不少的笔墨官司。今为避免枝节起见，且不必详细讨论，总之凡不在我们的意识范围内的物（即阳明所谓意念不涉着者），最多只能承认他有物理学上数理学上或几何学上的存在，而不能承认他有伦理学上或认识论上的存在，显然甚明。

再进一步看，物理学数理几何学的本身，离却人类的意识而单独存在吗？断断不能。例如一个等边三角形，有人说，纵使亘古没有人理会他，他毕竟是个等边三角。殊不知若亘古没有人理会时，便连"等边三角"这个名词先自不存在，何有于"他"。然则客观的物不能离却主观的心而单独存在，又至易见了。这是从物的方面看出心物合一。

还有应该注意者，阳明所谓物者，不仅限于自然界的物质物形物态，他是取极广义的解释，凡我们意识的对境皆谓之物。所以说"意用于事亲即事亲为一物，意用于治国读书听讼等则此等皆为一物"。这类物为构成我们意识之主要材料，更属显然。总而言之，有客观方有主观，同时亦有主观方有客观。因为主观的意不涉着到客观的物时，便失其作用，等于不存

---

① 黑格尔：格奥尔格·威廉·弗里德里希·黑格尔（Georg Wilhelm Friedrich Hegel，1770—1831年），德国古典哲学的集大成者。思维与存在同一论，精神运动的辩证法以及发展过程的正反合三段式。主要著作有《精神现象学》《逻辑学》《哲学全书》《法哲学原理》《哲学史讲演录》《历史哲学》《美学》《宗教哲学》等。

② 罗素：伯特兰·罗素（Bertrand Russell，1872—1970年），英国哲学家、数学家、逻辑学家。分析哲学的主要创始人，罗素认为心和物都是感觉经验的逻辑构成品，仅仅是给事素分组的便当方式，构成经验世界的材判，既不是人也不是物，而是介于二者之间。主要著作还有《哲学原理》《哲学问题》《心的分析》《物的分析》《西方哲学史》《论教育》等。

在。客观的物不为主观的意所涉着时，便失其价值，也等于不存在。心物合一说内容大观如此。

这种心物合一说在阳明人生哲学上得着一个什么的结论呢，得的是"人我一体"的观念，得的是天地万物一体的观念，他说：

> 夫人者天地之心，天地万物，本吾一体也。（《答聂文蔚书》）

又说：

> 大人者，以天地万物为一体者也，其视天下犹一家，中国犹一人焉，若夫间形骸而分尔我者小人矣。（《大学问》①）

这些话怎么讲呢？我们开口说"我"，什么是"我"？当然不专指七尺之躯，当然是认那为七尺之躯之主宰的心为最要的成分。依阳明看法，心不能单独存在，要靠着有心所对象的"人"，要靠着有心所对象的"天地万物"，把人和天地万物剔开，心便没有对象。没有对象的心，我们到底不能想象他的存在，心不存在，"我"还存在吗？换句话说，人们和天地万物们便是构成"我"的一部分原料，或者还是可以说是唯一的原料，离却他们，我便崩坏。他们有缺憾，我也便有缺憾，所以阳明说：

> 大人之能以万物为一体也，非意之也，其心之仁本若是。岂惟大人，虽小人之心亦莫不然。彼顾自小之耳，是故见孺子之入井而必有怵惕之心焉，是其心之与孺子为一体也。孺子犹同类者也，见鸟兽之哀鸣觳觫而必有不忍之心焉，是其心与鸟兽为一体也，鸟兽犹有知

---

① 《大学问》：王阳明对门人所提有关《大学》几个问题的解答，由钱德洪辑录，全面阐述了自己的哲学思想。编入《阳明全书》第二十六卷。

觉也，见草木之摧折而必有悯恤之心焉，是其心与草木为一体也，草木犹有生意也，见瓦石之毁坏而必有顾惜之心焉，是其心与瓦石为一体也……（《大学问》注七）

注七：《传习录卷下》有"草木瓦石皆有良知"之说，语颇诞谲。细看《阳明全集》，他处并不见有此说，或者即因大学问此段，门人推论之而失其意义。传习录下卷……尤其是末数页，语多不醇，刘蕺山①、黄梨洲已有辨证。

前文所述心物合一说之实在体相，骤看似与西洋之唯心论派或心物平行论派之辨争此问题同一步调。其实不然，儒家道术根本精神，与西洋哲学之以"爱智"为出发点截然不同，虽有时所讨论之问题若极玄妙，儒家归宿实不外以为实践道德之前提，而非如西方哲人借此为理智的娱乐工具。凡治儒家学说者皆当作如是观，尤其治阳明学者更不可以不认清此点也。阳明所以反复说明心物合一之实相，不外欲使人体验出物我一体之真理而实有诸己。他以为人类一切罪恶，皆由"间形骸分尔我"的私见衍生出来，而这种私见，实非我们心体所本有。"如明目之中而翳之以沙尘，聪耳之中而塞之以木楔，其疾痛郁逆，将必速去之焉快，而何能忍于时刻。"（《答南元善②书》）所以他晚年专提致良知之教，说"良知见得亲切时，一切功夫都不难。"（《与

---

① 刘蕺（jí）山（1578—1645年）：即刘宗周，字起东，号念台。山阴（今浙江绍兴）人。因讲学蕺山，学者称"蕺山先生"。黄宗羲、陈确是他的学生。万历进士。曾任礼部主事、吏部左侍郎，官至南京左都御史。南明政权覆亡，绝食而卒；但认为"理即是气之理，断然不在气先，不在气之外"；"离心无性，离气无理"。以心为主宰，用气贯通性、道、理。倡"慎独"之说，强调"诚敬"。著作有《刘子全书》《刘子全书遗编》。

② 南元善（1487—1541年）：即南大吉，字元善，号瑞泉，明代陕西渭南临渭区官道镇南家村人，著名学者。性豪宕，雄于文。明正德六年（1511年）进士，历官户部主事、员外郎、郎中。受学于王守仁，建稽山书院，创尊经阁，并刻王守仁之《传习录》，风示远近。

黄宗贤书》）又常说"良知是本体，做学问须从本体得着头脑。"（屡见《传习录》《文集》）所谓良知本体者，如目之本明，耳之本聪。若被私见（即分尔我的谬见）隔断点污时，正如瞖目以沙，塞耳以楔。所以只须见得本体亲切，那么，如何去沙拔楔？其功夫自迫切而不能已。所谓好善如好好色，恶恶如恶恶臭，必如是方能自慊。阳明教人千言万语，只是归着到这一点。盖良知见得亲切时，见善自能如目之见好色，一见着便不能不好，见恶自能如鼻之闻恶臭，一闻着便不能不恶。我们若能确实见得物我一体的实相，其所见之明白，能与见好色闻恶臭同一程度。那么，更如何能容得"分尔我"的私见有丝毫之存在呢？因为"吾心与孺子为一体"所以一见孺子入井，良知立刻怵惕恻隐，同时便立刻援之以手。因为吾心与国家为一体，所以爱国如爱未婚妻，以国之休戚利害为己之休戚利害，这不是"知之真切笃实处便是行"吗？哲理上的心物合一论所以实践上归宿到知行合一论者在此。

【案语】万物一体为王守仁心学理论的出发点。王守仁批判"析心与理为二"，主张"合与理为一"（《传习录》中），使客观实在融入主观之中，提出"万物一体"论。认为不仅禽兽草木，连风雨、露雷、日月、上传、木石以至鬼神，都"与人原为一体"，因为它们与人"同此一气"。同此一气之所以能相通，是由于"人心一点灵明"（《传习录》下），但这一点灵明之心，是"大人之心"，"圣人之心"，有"一体之念"，能"视天下之人无外内远近"（《传习录》中），"视天下犹一家，中国犹一人"，其所以能如此，是"其心之仁本若是，其与天地万物而为一也"，能"达吾一体之仁"（《大学问》）。他把日月星辰，山川木石以及飞潜动植这些本独立存在的客观事物——并入人的主观意识之中，从而论证了"心者天地万物之主""言心则天地万物皆举"（《答李明德》），心包罗和主宰万物。"万物一体"又称"一体之仁"，包含了王守仁的社会政治理想和道德修养境界，如在《答聂文蔚》中说："夫人者，天地之心，天地万物，本吾一体者也。生民之困苦荼毒，孰非疾痛之切于吾身者乎？""视人犹己，视国犹家，而以天地万物为一体。"

外心求理的弊端

以下更讲他的心理合一论。既已承认心物合一，理当然不能离心物而存在，本来可以不必再说心理合一。阳明所以屡屡论及此，而且标"心即理"三字为一种口号者，正为针对朱子"天下之物莫不有理"那句话而发。原来这个问题发生得很早，当孟子时，有一位告子①，标"仁内义外"之说，以为事物之合理不合理，其标准不在内的本心而在外的对境。孟子已经把他驳倒了，朱子即物穷理之教，谓理在天下之物，而与"吾心之灵"成为对待，正是暗袭告子遗说，所以阳明力辟他。说道：

> 朱子所谓格物云者，在"即物而穷其理"，即物穷理，是就事事物物上求其所谓定理者也，是以吾心而理于事事物物之中，析心与理而为二矣。夫求理于事事物物者，如求孝之理于其亲之谓也。求孝之理于吾亲，则孝之理果在于吾之心耶？抑果在于亲之身耶？假而在于亲之身，则亲没之后吾心遂无孝之理欤？见孺子入井，必有恻隐之理……其或不可以从之于井欤，是皆所谓理也，是果在于孺子之身欤？抑果出于吾心之良知欤？以是例之，万事万物之理，莫不皆然。是可以知析心与理为二之非矣。（《答顾东桥书》）

平心论之，"就事事物物上求其所谓定理"，并非不可能的事，又并

---

① 告子：战国时约与孟子同时的学者，兼治儒墨之学，主张人之性是无善无不善的，当时自成一家之言。《孟子》一书中有《告子》一篇。首章记告子与孟子辨性之说。

非不好的事，全然抛却主观，而以纯客观的严正态度严求物理，此正现代科学所由成立。科学初输入中国时，前辈认为"格致"正是用朱子之说哩。虽然，此不过自然界之物理为然耳，科学所研究之自然界物理，其目的只要把那件物的原来样子研究得正确，不发生什么善恶价值问题。所以用不着主观，而且容不得主观。

若夫人事上的理——即吾人应事接物的条理，吾人须评判其价值，求得其妥当性——即善亦即理，以为取舍从达之标准。所谓妥当者，绝不能如自然界事物之含有绝对性而当为相对性。然则离却吾人主观所谓妥当者，而欲求客观的妥当于事物自身，可谓绝对不可能的事。况且朱子解的《大学》，《大学》格致功夫，与诚意紧相衔接，如何能用自然科学的研究法来比附。阳明说：先儒解格物为"格天下之物"，天下之物，如何格得尽？且谓"一草一木亦皆有理"，今如何去格？纵格得草木来，如何反来诚得自家的意。（《传习录》黄以方记）然则《大学》所谓物，一定不是指自然界，而实指人事交互复杂的事物，自无待言。既已如此，则所谓妥当性——即理，不能求诸各事物之自身，而必须求诸吾心，亦不待言，所以阳明说：

> 夫物理不外于吾心，外吾心而求物理矣，无物理矣；遗物理而求吾心，吾心又何物耶……后世所以有专求本心遂遗物理之患，正由不知心即理耳……外心以求物理，此知行之所以二也，求理于吾心，此圣门知行合一之教。（《答顾东桥书》）

外心以求理，结果可以生出两种弊端：非向外而遗内，即向内而遗外。向外而遗内者，其最踏实的如研究自然科学，固然是甚好，但与身心修养之学，关系已经较少。（也非无关系，不过较少耳，此事当别论）等而下之，则故纸堆中片辞双义之考证笺注，先王陈迹、井田封建等类之墨守争辩，繁文绉节少仪内则诸文人剽窃模仿,诸如此类。姑勿论其学问之为好为坏、为有用为无用,至少也免不了博而寡要劳而少功的毛病,其绝非圣学入门所宜有事也可知。向内而遗外者,视理为超绝心境之一怪物,如老子所谓"有物混成,先天地生""恍兮忽兮,其中有象"。禅宗所谓"言语道断,心行路觉"。后来戴东原①讥诮朱儒言理说是"如有物焉,得于天而具于天"者,正属此类。由前之说,正阳明所谓"外吾心而求物理",由后之说,则所谓"遗物理而求吾心"。此两弊,朱学都通犯了,朱子笺注无数古书,乃至《楚辞》《参同契》②都注到,便是前一弊;费偌大气力去讲太极无极,便是后一弊。阳明觉此两弊皆是为吾人学道之障,所以单刀直入,鞭辟进里,说道"心外无物,心外无理,心外无善"。(《答王纯甫书》)朱子解格物到正心修身,说"古人为学次第"(《大学章句序》),次第云者,像上楼梯一般,上了第一级才能到第二级,所以功夫变成先知(格致)后行(诚意等)。这是外心求理的当然结果,阳明主张心理和一,于是得如下的结论:

> 理一而已。以其理之凝聚而言则谓之性,以其凝聚之主宰而言则谓之心,以其主宰之发动而言则谓之意,以其发动之明觉而言则谓之知,以其明觉之感而言则谓之物。故就物而言谓之格,就知而言谓之致,就意而言谓之诚,就心而言谓之正。正者,正此也;诚者,诚

---

① 戴东原(1724—1777年):即戴震,字东原,安徽休宁人。为一代考据大师。尤精名物训诂,从训诂探讨古书义理。主张性善,认为天理与情欲是统一的。反对"去人欲、存天理"的说教。认为"后儒以理杀人",同"酷吏以法杀人",并无本质区别。著作有《原善》《原象》《孟子字义疏证》《声韵考》《声类表》《方言疏证》等。

② 《参同契》:全名《周易参同契》。东汉魏伯阳撰。现存中国炼丹史方面最早著作。

此也；致者，致此也；格者，格此也。(《答罗整庵[①]书》)

这段话骤看起来，像有点囫囵笼统，其实凡一切心理现象，只是一刹那见同时并起，其间明相的分析，不过为说明的一种方便，实际上如何能划然有界限分出个先后阶段来。阳明在心物合一心理合一的前提之下，结果不认格致诚正为几件事的"次第"，只认为一件事里头所包含的条件。换言之，不是格完物才能去致知，致知完知采取诚意，但是欲诚意须以致知为条件，欲致知须以格物为条件，正如欲求饱便须吃饭，欲吃饭便须拿筷子端碗，拿筷子端碗，吃饭求饱，虽像有几个名目，其实只是一件事，并无所谓次第，这便是知行合一。

【案语】心学对于本体论认识的核心命题为"心即理"，与程朱派"性即理"相对立。南宋陆九渊认为"人皆有是心，心皆具是理，心即理也。"（《陆九渊集》卷十一·《与李宰》）在此基础上，陆九渊提出一套"简易直接"的修养途径。既然心就是理，本心的自我认识，就是发现真理，本心的自我觉悟，就是道德的自我完成。只要"向内用功夫"，不需外求，即可达到最高的善。明代王阳明在此基础上提出"心外无物""心外无理"，进一步把整个宇宙容于一心。王阳明所说的理，主要指封建礼教纲常。他说："礼字即理字"。又说："夫礼也者，天理也"。（同上卷七《博约说》）"心即理"就是指符合封建伦理道德之心才符合天理。所以他又说："此心无私欲之蔽，即是天理……以此纯乎天理之心，发之事父便是孝，发之事君

[①] 罗整庵（1465—1547年）：即罗钦顺，字允升，号整庵，泰和（今属江西）人。弘治进士，官至南京吏部尚书。早年笃信佛学，后断然舍弃，"谓释氏之明心见性，与吾儒之尽心知性，相似而实不同"。主张气是宇宙万物的根本，理是气运动变化的条理秩序。著作有《困知记》《整庵存稿》等。

便是忠,发之交友治民便是信与仁。"(同上卷一《传习录》上)提出"致良知"的修养法,也是以此为前提的。

诚意为归宿，致良知为下手处

今为令学者了解阳明学说全部脉络起见，将他晚年所作《大学问》下半篇全录如下：

> 身、心、意、知、物者，是其功夫所用之条理，虽亦各有其所，而其实只是一物。格、致、诚、正、修者，是其条理所用之功夫，虽亦皆有其名，而其实只是一事。
>
> 何谓身？心之形体运用之谓也。何谓心，身之灵明主宰之谓也。何谓修身？为善而去恶之谓也。吾身自能为善而去恶乎？必其灵明主宰者欲为善而去恶，然后其形体运用者始能为善而去恶也。故欲修其身者，必在于先正其心也。然心之本体则性也，性无不善，则心之本体本无不正也。何从而用其正之之功乎？盖心之本体本无不正，自其意念发动，而后有不正。故欲正其心者，必就其意念之所发而正之。凡其发一念而善也，好之真如好好色，发一念而恶也，恶之真如恶恶臭，则意无不诚，而心可正矣。然意之所发有善有恶，不有以明其善恶之分，亦将真妄错杂，虽欲诚之，不可得而诚矣。故欲诚其意者必在于致知焉。致者，至也，如云"丧致乎哀"之致。《易》言"知至至之"，知至者知也，至之者致也。致知云者，非若后儒所谓充扩其知识也，致吾心之良知焉耳。良知者，孟子所谓"是非之心人皆有之"者也。是非之心，不待虑而知，不待学而能，是故谓之良知。是乃天命之性，吾心之本体，自然灵昭明觉者也。凡意念之发，吾心之良知无有不自知者。其

善欤,惟吾心之良知自知之,其不善欤,亦惟吾心之良知自知之。是皆无所与于他人者也。故虽小人之为不善,既已无所不至,然其见君子,则必厌然掩其不善而着其善者,是亦可以见其良知之有不容于自昧者也。今欲别善恶以诚其意,惟在致其良知之所知焉尔。何则?意念之发,吾心之良知既知其为善矣,使其不能诚有以好之,而复背而去之,则是以善为恶,而自昧其知善之良知矣。意念之所发,吾之良知既知其为不善矣,使其不能诚有以恶之,而复蹈而为之,则是以恶为善,而自昧其知恶之良知矣。若是,则虽曰知之,犹不知也,意其可得而诚乎?今于良知之善恶者,无不诚好而诚恶之,则不自欺其良知而意可诚也已。然欲致其良知,亦岂影响恍惚而悬空无实之谓乎?是必实有其事矣。故致知必在于格物。物者,事也,凡意之所发必有其事,意所在之事谓之物。格者,正也,正其不正以归于正之谓也。正其不正者,去恶之谓也。归于正者,为善之谓也。夫是之谓格。书言"格于上下""格于文祖""格其非心",格物之格实兼其义也。良知所知之善,虽诚欲好之矣,苟不即其意之所在之物而实有以为之,则是物有未格,而好之之意犹为未诚也。良知所知之恶,虽诚欲恶之矣,苟不即其意之所在之物而实有以去之,则是物有未格,而恶之之意犹为未诚也。今焉于其良知所知之善者,即其意之所在之物而实为之,无有乎不尽。于其良知所知之恶者,即其意之所在之物而实去之,无有乎不尽。然后物无不格,吾良知之所知者,无有亏缺障蔽,而得以极其至矣。夫然后吾心快然无复余憾而自谦矣,夫然后意之所发者,始无自欺而可以谓之诚矣。故曰:"物格而后知至,知至而后意诚,意诚而后心正,心正而后身修。"

这篇文字是阳明征思田①临动身时写出来面授钱德洪②的,可算得他平生论学的绝笔。学者但把全文仔细解释,便可以彻底了解他学问的全部真想了。简单说,根据"身心意知物只是一物"的哲学理论,归结到"格致正修只是一事"的实践法门,这便是阳明学的全体大用。他又曾说"君子之学,诚意而已矣,格物致知者,诚意之功也"。(《答王天宇书》)以"诚意"为全部学问之归宿点,而"致良知"为其下手之必要条件。由此言之,知行之决为一事而非两事,不辩自明了。

【案语】王守仁心学理论的一重要命题是"理也者心之条理也"。(《书诸阳卷》)这与程朱"天者理也""理也者形而上学之道也"不同,也与气学讲理为"气之条理"观点对立。王守仁所谓条理,指伦理道德观念、原则、秩序和法则。他把理和礼等同看待,说"礼字即理字。理之发见,可见者谓之文,文之既微不可见者谓之理。只是一物"(《传习录》上)。又说:"夫理也者,天理也。天命之性,具于吾心,其浑然全体之中,而条理节目,森然毕具。是故谓之天理。天理之条理谓之礼。"(《博约说》)礼具体表现在对日常百行、酬酢变化、语默动静、升降周旋、隆杀衰薄等方面的言行上,即仁义礼智信这些道德规范上。遵循仁义礼智信条礼,也就是理。而"理具于心""心即理""心外无理",理可说是其心之原则、秩序和法则。

最当为注意者,尤在其所言格物功夫,耳食者流,动辄以阳明学派玄虚,为顿悟,为排斥知识,为脱略实务,此在王学末流,诚不免此弊,然

---

① 征思田:嘉靖六年(1527年),王阳明以左都御史两广总督兼巡抚,领兵入广西,次年初招抚思恩抚(治分武鸣)、田州(治分田阳),是年病逝于江西南安。
② 钱德洪(1496—1574年),本名宽,字洪甫,号绪山,余姚(今属浙江)人。嘉靖进士。曾任苏学教授、国子监丞,官至刑部郎中。在江浙宣歙楚广各地讲学三十年,著作有《绪山会语》。

而阳明本旨绝不如是也。阳明常言："格物者其用力实可见之地。"（《答罗整庵书》）盖舍此则别无用力之可见矣。陆象川教人专在人情事变上做功夫，阳明亦说："除了人情事变则无事矣。"（《传习录》陆澄记）又说："若离了事物为学，却是着空。"（《传习录》陈九川记）他在滁州时，虽亦曾沿用旧法，教人静坐，晚年却不以为然。他说："人须在事上磨练做功夫乃有益，若止好静，遇事便乱，终无长进，那静时功夫，似收敛而实放溺也。"（《传习录》陈九川记）

又说：

> 徒知养静而不用克己功夫，临事便要倾倒，人须在事上磨练方立得住，方能静亦定，动亦定。（《传习录》陆澄记）

有人拿孟子"必有事焉而勿忘勿助长"那段话问他，他答道：

> 我此间讲学，只说个必有事焉，不说勿忘勿助……不着实去必有事上用功，终日凭空去做个勿忘，有凭空去做个勿助，莽莽荡荡，全无着实下手处，究竟功夫只做个沉空守寂，学成一个痴呆汉，才遇些子事来，即便牵滞纷扰，不复能经纶宰制。此皆有志之士，而乃使之劳苦缠缚，耽搁一生，皆由学术误人，甚可悯矣。（《答聂文蔚书》）

后来颜习斋痛斥主静之说，说是死的学问，是懒人的学问。这些话有无过火之处，且不必深论。若认他骂得很对，也只骂得着周濂溪①、李延

---

① 周濂溪（1017—1073年）：即周敦颐，北宋哲学家。字茂叔。道州营道（今湖南道县）人。后人称为"濂溪先生"。提出太极、理、气、性、命等说法。成为宋明理学的基本范畴，他本人成为理学的创始人之一。著作有《太极图说》和《通书》等，后人编为《周子全书》。

年①,骂得着程伊川②、朱晦庵乃至陈白沙③,却骂不着阳明。阳明说"好静只是放溺",说"沉空守寂会学成痴呆",而痛惜于"学术误人"。凡习斋所说的,阳明都早已说过了。至其所说"必待入口然后知味之美恶,必待身亲履历然后知道路之险夷"前主张知识必由实际经验得来,尤与习斋及近世詹姆士、杜威④辈所倡实验主义同一口吻。

以极端唯心派的人,及其讲到学识方面,不独不高谈主观,而且有偏于纯客观的倾向,浅见者或惊疑其矛盾,殊不知他的心物合一论,心理合一论,结果当然要归着此点。为什么呢?他一面说"外吾心而求物理,则无物理",同时跟着说"遗物理而求吾心,吾心又何物"?盖在心物合一的前提之下,不独物要靠心乃能存在,心也要靠物乃能存在。心物既是不能分离的东西,然则极端的唯心论,换一方面看,同时也便是极端的唯物

---

① 李延年(1093—1163年):即李侗,南宋学者。字愿中,学者称"延平先生"。南剑州剑浦(属今福建南平)人。李延年为程颐的二传弟子,年轻时拜杨时、罗从彦为师,得授《春秋》《中庸》《论语》《孟子》。学成退居山田,谢绝世故四十年。认为万物统一于天理,只是天理的变化。提出"理与心一"主张"默坐澄心,体认天理"的认识方法。朱熹曾从游其门,并将其语录编为《延平答问》。李延年对朱熹十分器重,把贯通的"洛学"传授朱熹。自此朱熹不但承袭二程的"洛学",并综合了北宋各大家思想,奠定了他一生学说的基础。有《李延平集》。

② 程伊川(1033—1107年):即程颐,北宋哲学家、教育家。字正叔,洛阳(今属河南)人。曾和兄程颢学于周敦颐,并同为北宋理学的奠基者,世称"二程"。其学以"穷理"为主。强调"格物之理,不若察之于身,其得尤切"(《遗书》卷十七)。

③ 陈白沙(1428—1500年):即陈献章,明哲学家、教育家。字公甫,新会(今属广东)白沙里人。世称"白沙先生"。受学于吴与弼。一生唯重心性之学,主静坐"澄心",开明代心学之先声。继承陆九渊"心即理也"的观点,认为宇宙只是一理的表现,这理便是心。著作有《白沙集》。

④ 杜威:约翰·杜威(John Dewey,1859—1952年),美国哲学家、教育家,与皮尔士、詹姆士一起被认为是美国实用主义哲学的重要代表人物。

论了。他说:"心无体,以万物之感应是非为体。"以无的心而做心学,除却向"涉着于物"处用力,更有何法?夫曰"行是知的功夫""行是知之成",此正实验主义所凭借以得成立也。

【案语】主静为宋明理学的道德修养方法。以虚静恬淡为道德修养标准。渊源于古代儒家(《礼记·乐记》:"人生而静,天之性也"),并掺杂佛、道的寂静无为思想。由周敦颐在《太极图说》中明确提出。他用未有天地时的"无极"原来是"静"的,来证明人的天性本来是"静"的,由于后天染上了"欲",故须通过"无欲"功夫,才能实现"静"的境界。("无欲故静")以后一直成为理学的主要思想。

知行合一与致良知

知行合一与致良知其实内容一样

钱德洪、王畿^①所撰《阳明年谱》,说他三十八岁始以知行合一教学者,五十岁始揭致良知之教。(注八)其实"良知"二字,阳明早年亦已屡屡提及,不过五十岁始专以此为教耳。他五十五岁时有给邹守益^②一封信,内中几句话极为有趣,他说:"近有乡大夫请某讲学者云:'除却良知还有什么说得?'某答曰:'除却良知还有什么说得。'"……他晚年真是"开口三句不离本行"。千言万语,都是发挥"致良知"三字。表面看来,从前说知行合一,后来说致良知,像是变更口号。不错,口号的字句是小有变更,其实内容原只是一样,我们拿知行合一那句话代表阳明学术精神的全部也可以,拿致良知这句话代表阳明学术的全部内容也可以。

---

① 王畿(1498—1583年),明学者。字汝中,别号龙溪。山阴(今浙江绍兴)人。王守仁的学生。讲学四十余年,在吴楚闽越江浙传播王学。主张"从先天心体上立根",认为"良知一点虚明,便是作圣之机,时时保住此一点虚明,不为旦昼桔亡,便是致知",把王守仁"良知"学说进一步引向禅学。著作有《龙溪集》。

② 邹守益(1491—1562年),明学者。字谦之,号东廓,安福(今属江西)人。正德进士。曾任太常少卿兼侍读学士,官至南京国子祭酒。先宗程朱,后师事王守仁,并笃守王学传统。强调"慎独"(独居谨慎,不存邪念)、"戒惧"(小心、警惕)为"致良知"的主要修养方法。著作有《东廓集》。

注八：《与邹守益书》云："近来信得致良知三字真圣门正法眼藏，往年尚疑未尽，今自多事以来，只此良知，无不具足。譬之操舟得舵，平澜浅濑，无不如意。虽遇颠风逆浪，舵柄在手，可免没溺之患矣。"案此书是正德十六年在南昌所发，时阳明五十岁，平宸濠之次年也。

"致良知"这句话，是把《孟子》里"人之所以不学而知者其良知知也"和《大学》里"致知在格物"那两句话联缀而成。阳明自下解说到："孟子云：'是非之心，智也。'是非之心，人皆有之，即所谓良知也。孰无是良知乎？但不能致之耳。易谓'知至至之'？知至者知也；至之者致知也，此知行之所以一也。近世格物致知之说，只一'知'字尚未有下落，若'致'字功夫，全不曾道着矣。此知行之所以二也。"（《与陆元静第二书》）观此可知致良知正所以为知行合一，内容完全一样，所以改用此口号者，取其意义格外明显而已。

"致良知"这句话，后来王门弟子说得太玄妙了，几乎令人无从捉摸。其实阳明本意是平平实实的，并不含有若何玄学的色彩，试读前章所引大学问中解释致知那段话，便可以了然。阳明自己把他变成几句口诀——即有名的"四句教"，所谓：

> 无善无恶心之体，有善有恶意之动，知善知恶为良知，为善去恶是格物。（见王畿天《泉证道记》，注九）

注九：后来刘蕺山、黄梨洲都不信四句教，疑是王龙溪造谣言。我们尊重龙溪人格，实不敢附和此说。况且天泉证道时，有钱绪山在一块。这段话摘入《传习录后录》，《传习录》经绪山手定，有嘉靖丙辰跋语，其时阳明没已久了，若非师门遗说，绪山如何肯承认，蕺山门所疑者，不过因无善无恶四字，不知善之名对恶而始立，心体既无恶，当然也无善，何足为疑呢？

【案语】"无善无恶是心之体，有善有恶是意之动，知善知恶是良知，为善去恶是格物。"之"四句教"为王守仁之思想命题。但王学后人及后世对此说法不一。

王门弟子王畿认为四句教只是权宜之说,"恐未是究竟话头。若说心体是无善无恶,意亦是无善无恶的意,知亦是无善无恶的知,物亦是无善无恶的物矣。若说意有善恶,毕竟心体还有善恶在。"钱德洪则认为"心之本体"虽是"天命之性""原是无善无恶的",但是"人有习心,意念上见有善恶在。格致诚正修,此正是复那性体功夫。若原无善无恶,功夫亦不消说矣"。针对王、钱的意见分歧,王守仁指出:"二君之见,正好相资为用,不可各执一边。"并指出自己"接人,原有此二种。"有"利根之人",也有"其次"之人。王畿之见,是"接利根人的",德洪之见,是"为其次立法的""二君相取为用,则中人上下皆可引入于道。若各执一边,眼前便有失人,便于道体各有未尽。"并承认"利根之人,世亦难过。岂可轻易望人?人有习心,不教他在良知上实用为善去恶功夫,只去悬空想个本体,一切事为俱不着实,不过养成一个虚寂"。四句教在当时及以后一段时期内发生了较大影响,王门后学及其他学者纷纷就此展开讨论。王畿弟子邓以赞认为"阳明先生以知是知非为良知,权论耳。夫良知何是何非"?"夫知是知非,不落于是非者也,发而有是有非,吾从而知之谓之照,无是无非,澄然在中,而不可不谓之知是知非,则是知之体也。"(《明儒学案·江右学案六》)万历二十年(1592年),周汝登在南京举行讲学会讨论"王门四句教",他还写了《九解》,维护并发挥了四句教中的"无善无恶"之说。许孚远则写了《九谛》,主张性体至善无恶,反对以无善无恶为宗。明末顾宪成也反对王守仁的"无善无恶心之体"的说法。他说:"见以为心之体,原是无善无恶也,合下便成一个空。见以为无善无恶,只是心之不着于有也,究竟且成一个混。空则一切解脱,无复挂碍。""混则一切含糊,无复拣择,""何善非恶?何恶非善?"(《小心斋札记》)明末刘宗周则认为"四句教法,考之阳明集中,并不经见,其说乃出于龙溪,则阳明未定之见,平日尝有是言,而未敢笔之于书,以滋学者之惑"。(《明儒学案·师说》)认为四句教本意应为"有善有恶者心之动,好善恶恶者意之静,知善知恶者是良知,为善去恶者是物则"。《学令》刘宗周弟子黄宗羲继承了这一观点,认为四句教,今之解曰:"心体无善无恶是性,由是而发之为有善有恶之意,由是而有分别其善恶之知,由是而有为善去恶之格物。"

良知能善能恶,致的功夫即是就意所涉着之事物实行为善去恶。这种工作,虽愚夫愚妇,要做便做,但实行做到圆满,虽大贤也恐怕不容易。所以这种学问,可以说是极平庸,也可以说是极奇特。刘畿山引《系辞》①中孔子赞美颜子的话来作注脚,说道:"有不善未尝不知,良知也。知之未尝复行,致良知也"。阳明亦曾拿《大学》的话来说:"所恶于上"是良知,"毋以使下"是致良知。(《传习录下》)致良知最简易的解释,不过如此。

《大学》说:"所谓诚其意者,毋自欺也。"阳明既认致知为诚意的功夫,所以最爱用"不欺良知"这句话来作"致知"的解释,他说:

> "尔那一点良知,是尔自家的准则。尔意念着处,他是便知是,非便知非,更瞒他一些不得。尔只不要欺他,实实落落依着他做去,善便存,恶便去,何等稳当快乐。"(《传习录》答陆九川问)

拿现在的话说,只是绝对的服从良心命令便是。然则为什么不言良

---

① 《系辞》:指《系辞传》。"系"取系属之义,即"系属其辞于爻卦之下"(孔颖达疏),用以说明《易经》的基本意义、原理、功用、起源及筮法等。内容从"一阴一阳之谓道"出发,肯定自然界中阴阳、动静、刚柔等两种相反势力的"相摩""相荡",是事物变化的普遍规律。

心，而言良知呢？因为心包含意与知两部分，意不必良，而知无不良。阳明说："凡应物起念处皆谓之意，意则有是有非。能知得意之是与非者则谓之良知。依得良知即无有不是。"（《答魏师说①书》）所以"良知是你的明师"。（《传习录上》）关于这一点，阳明总算把性善论者，随便举一个例子都可以反驳倒我们。但是，本能的发动虽有对有不对，然而某件事对某件事不对，我们总会觉得。就"会觉得"这一点看，就是"人之所以异于禽兽"，就是"人皆可以为尧舜"的一副本钱，所以孟子说良知良能，而阳明单提知的方面代表良心之全部。说"良知者心之本体。"（《答陆元静书》）

"有善有恶意之动"，意或动于善或动于恶谁也不能免，几乎可以说没有自由。假使根本没有个良知在那里指导，那么，我们的行为便和下等动物一样，全由本能冲动，说不上有责任，然而实际上绝不如此。"良知在人，随你如何，不能泯灭，虽盗贼亦自知不当为盗。唤他做贼，他还忸怩"。（《传习录》陈九川记）"良知之在人心，无关于圣愚，天下古今之所用也。"（《答聂文蔚第三书》）"凡意念之发，吾心之良知无有不自知者。其善欤？惟吾良知自知之；其恶欤？亦惟吾良知自知之。"（《大学问》）"此两字人人所自有，故虽至愚下品，一提便省觉。"（《答聂文蔚第三书》）既有知善知恶之良知，则选择善恶，当然属于我的自有。良知是常命令我选择善的，于是为善去恶，便成为我对于我的良知所应负之责任。人类行为所以有价值，全在这一点。

---

① 魏师说（1492—1575年）：即魏良弼，明理学家、教育家，字师说，一作师悦，号水洲，新建（今属江西南昌）人。受学于王守仁，与钱德洪、陈九川、刘邦采、罗洪先、邹守益等往复论学，联集讲会，阐扬王学。著有《水洲文集》。

致良知功夫极简易而极艰难

良知虽人人同有，然其明觉的程度不同，所以要下"致"的功夫。"圣人之知，如青天之日；贤人之知，如浮云天日；愚人如阴霾天日，虽有昏明不同，其能辨黑白则一。虽昏黑夜里，亦影影见得黑白，就是日之余光未尽处。困学功夫，只从这一点明处精察去。"（《传习录》黄修易①记）有人对阳明自叹道："私意萌时，分明自知得，只是不能使他即去。"阳明道："你萌时这一'知'，便是你的命根，当下即把那私意消除去，便是立命功夫。"（同上）假使并这一点明处而无之，那真无法可想了。然而实际上绝不如此，无论如何昏恶的人，最少也知道杀人不好。只要能知道杀人不好，"充其无欲害人之心，而仁不可胜用矣。"最少也知道偷人东西时不好，只要能知道偷东西不好，充其无欲穿窬之心，而义不可胜用矣。所以说，"这一知是命根。"抓着这命根往前致，由阴霾天的日致出个浮云的日来，由浮云天的日致出个青天的日来，愚人便会摇身一变变成贤人，摇身再变变成圣人了。所以阳明说："人若知这良知诀窍，随他多少邪思枉念，这里一觉，都自消融，真个是灵丹一粒，点铁成金。"（《传习录》陈九川记）利用这一觉，致良知功夫便得着把柄入手了。他又说："杀人须在咽喉着刀，吾人为学当从心体入微处用力。自然笃实光辉，私欲之萌，真是洪炉点雪，天下之大本立矣。"（《答黄宗贤书》）专就这一点明处往前致，致到通体光明，如青天之日，便有"洪炉点雪"气象，便是致良知功夫成熟。

---

① 黄修易，字勉叔。余者不详。

我们最当注意者，利用那一觉，固然是入手时最简捷的法门，然并非专恃此一觉便了。后来王学末流，专喜欢讲此一觉，所以刘蕺山箴斥他们，说道："后儒喜言觉，谓一觉无余事，即知即行……"殊不知主张一觉无余事者，不知不觉间已堕于"知而不行，只是不知"，恰与阳明本意违反了。当时已有人疑阳明"立说太高，用功太捷，未免堕禅宗顿悟之机"。阳明答道："区区格致诚正之说，是就学者本心日用事为间，体究践履，实地用功，是多少次第、多少积累在，正与空虚顿悟之说相反。"（《答顾东桥书》）所以致良知功夫，说易固易，说难却又真难。当时有学者自以为能致知，阳明教训他道："何言之易也，再用功半年看如何，又用功一年看如何，功夫愈久愈觉不同，此难口说。"（《传习录》陈九川记）晚明治王学的人，喜欢说"现成良知"，轻轻把致字抹煞，全不是阳明本意了。

致良知功夫是要无间断的，且要十分刻苦的。方才引的"私欲萌时那一知"要抓着做个命根，固也。但并非除却那时节便无所用力。阳明说："譬之病疟之人，虽有时不发，而病根原不曾除，则亦不得，谓之无病。"（《传习录》门人陆澄录）所以，"省察克治之功，则无时而可间，如去盗贼，须有个扫除廓清之意。无事时，将好色、好货、好名等私，逐一追究搜寻出来，定要拔去病根，永不复起，方始为快。常如猫之捕鼠，一眼看着，一耳听着。才有一念萌动，即与克去。斩钉截铁，不可姑容，与他方便。不可窝藏，不可放他出路，方是真实用功。方能扫除廓清。"（《传习录》门人陆澄录）他在赣南剿土匪时候寄信给他的朋友有两句有名的话，"去山中贼易，去心中贼难。"可见得这一个"致"字，内中含有多少扎硬寨打死仗的功夫，绝非"一觉无余事"了。

阳明尝自述其用力甘苦，说道："……毫厘之差，而乃致千里之谬。非诚有求为圣人之志而从事于惟精惟一之学者，莫能得其受病之源而发其神奸之所由伏也。若某之不肖，盖亦尝陷溺于其间者几年，伥伥然既自以为是矣。赖天之灵,偶有悟于良知之学,然后悔其向之所为者,固包藏祸机,作伪于外,而心劳日拙者也。十余年来,虽痛自洗剔创艾,而病根深痼,萌蘖时生。所幸良知在我,操得其要,譬犹舟之得舵,虽惊风巨浪颠沛不无,尚犹得免于倾覆者也。夫旧习之溺人,虽已觉悔悟,而其克治之功,尚且其难若此,又况溺而不悟,日益以深者,亦将何所抵极乎!"(《与邹谦之书》)读这段话,不能不令人悚然汗下。以我们所见的阳明,学养纯粹,巍然为百世宗师。然据他的自省,则有"神奸攸伏""作伪于外,心劳日拙"种种大病,用了十几年洗剔功夫,尚且萌叶时生。我们若拿来对照自己,真不知何地自容了。(注十)据此,可知致良知功夫,全以毋自欺为关键,把良知当作严明的裁判官,自己常像到法庭一般,丝毫不敢掩饰,方有得力处。最妙者裁判官不是别人,却是自己,要欺也欺不得,徒然惹自己苦痛。依着他便如舟之得舵,虽惊涛骇浪中,得有自卫的把握而泰然安稳。结果得看"自慊"——自己满足,致良知功夫所以虽极艰难而仍极简易者在此。

注十:阳明卒时五十七岁,《寄邹谦之书》是他五十五岁写的,读此可见其刻苦用功,死而后已。

良知需摩擦得晶莹,存养得纯熟

讲到这里,我们要提出紧急动议讨论一个问题,阳明说"良知是我们的明师,他是便知是,非便知非,判断下来绝不会错。"这话靠得住吗?我们常常看见有一件事,甲乙两个人对于他同时下相反的判断,而皆自以为本于自己的良知。或一个人对于某件事,前后判断不同,而皆以为本良知。不能两是,必有一非,到底那个良知是真呢?况且凡是非之辩所由起,必其之性质本介于两可之间者也,今若仅恃主观的良知以下判断,能够不陷于武断之弊?后来戴东原说宋儒以"意见"为理,何以见得阳明所谓良知不是各个人的"意见"呢?这是良知说能否成立之根本问题,我们要看阳明怎么解答。

第一,须知阳明所谓知是知非者,其实只是知善知恶。他拿是非来说不过为孟子"是非之心,人皆有之"那句话作注释善恶的标准,虽然也不是绝对的,但已不至如是非之疑似难辨。最少如"无欲害人""无欲穿窬"之类几项基本标准总是有的,从良知所见到这一点致出去,总不会错。或问阳明:"人心所知,多有认贼做子处,何处乃见良知。"阳明反问:"尔以为何如?"答:"心所安处便是良知。"阳明道:"固是,但须省察,恐有非所安而安者。"(《传习录》陆澄记)凡事就此心所安处做去,最少总可以得自慊——自己满足的结果。

第二,所谓武断或意见者,主张直觉说的人最易犯此病。阳明的致良知,骤看很像纯任直觉。其实不然,他以格物为致知的功夫,说:"欲致其良知,非影响恍惚悬空无实之谓,必实有其事。"(《大学问》)说要"在事上磨练。"(《传习录》陆澄记)说:"除却见闻,酬酢无良知可致。"(《答顾东桥书》)所以关于判断事理的知识,阳明却是主张经验论,并不主直觉论。有人问:"知识不长进如何?"他答道:"为学须有本原,渐渐盈科而进。婴儿在母腹时,有何知识?出胎后,方始能啼,既而后能笑,又既而后能认识其父母兄弟,又既而后能立,能行,能持,能负。卒乃天下之事,无不可能。皆是精气日足,则聪明日开,不是出胎日便讲求推寻得来。"(《传习录》陆澄记)他不认知识为能凌空笼统的一起得着,而认为要由后天的经验,一步一步增长起来。然则戴东原所谓"理与事分为二而与意见合为一"者(《孟子字义疏证卷上》)在朱学或有此病,在王学决不然。阳明又说:"我辈致知,知识各随分限所及,今日良知见是如此,只随今日所知扩充到底,明日良知又有开悟,便从明日所知扩充到底,如此方是精一功夫。"(《传习录》黄直记)由此言之,良知并不是一成不变,实是跟着经验来天天长进,不过用功要有一个头脑,一切只是都从良知发生出来,才不至散而无纪罢了。阳明又说:"如人生路一般,走得一段,方认得一段,走到歧路处,有疑问便问,问了又走,方能到得欲到之地……只管愁不能尽知,只管多讲何意。"(《传习录》陆澄记)

朱子说的"即物穷理之后一旦豁然贯通则众物表里精粗无不到……"那种做学问法,诚不免有认意见为理的危险。若阳明则全不是这种路数,他说:"并不是本体明后便于天下物便都知得都做得。天下事物如名物度数草木鸟兽之类,虽圣人亦何能尽知。但不必知的,圣人自不消求知,其所当知,圣人自能问人。如'子入太庙每事问'之类……"(《传习录》黄直记)。

致良知功夫,只是对于某件事应做不应做,求得一个定盘针。决定应做之后,该如何做法,跟着有多少学问思辨工作在里头,而这些工作,却要用客观的经验的不是靠主观的直觉的,这便是阳明本旨。

至于事理是非介在疑似两可之间者,决定应做与否,诚然不能不凭良知一时之直觉。阳明以为我们平日用功，不必以此等例外的事理为标准，而且欲对于此等事应付不误，只有把良知摩擦得晶莹，存养得纯熟，然后遇事乃得其用。有人问他："道之大端，易于明白，所谓良知良能，愚夫愚妇可与及者。至于节目时变之详，毫厘千里之谬，必待学而后知。今语孝于温清定省，孰不知之？至于舜之不告而娶①，武之不葬而兴师②……等事，处常处变，过与不及之间，必须讨论是非，以为制事之本。"阳明答道："道之大端易于明白，此语诚然。顾后之学者忽其易于明白者而弗由，而求其难于明白者以为学，此其所以'道在迩而求诸远，事在易而求诸难'③也。"孟子云："夫道若大路然，岂难知哉？人病不由耳。"④良知良能，愚夫愚妇与圣人同。但惟圣人能致其良知，而愚夫愚妇不能致，此圣愚之所由分也。节目时变，圣人夫岂不知，但不专以此为学。而其所谓学者，正惟致其良知，以精审此心之天理，而与后世之学不同耳。吾子未暇良知之致，而汲汲焉顾是之忧，此正求其难于明白者以为学之弊也。夫良知之于节目时变，犹规矩尺度之于方圆长短也。节目时变之不可预定，犹方圆长短之不可胜穷也。故规矩诚立，则不可欺以方圆，而天下之方圆不可胜用矣；尺度诚陈，则不可欺以长短，而天下之长短不可胜用矣；良知诚致，则不可欺以节目时变，而天下之节目时变不可胜应矣。毫厘千里之谬，不于吾心良知一念之微而察之，亦将何所用其学乎？是不以规矩而欲定天下之方圆，不以尺度而欲尽天下之长短，吾见其乖张谬戾，日劳而无成也已。吾子谓语孝于温清定省，孰不知之。然而能致其知者鲜矣。若谓粗知温清定

---

① 舜之不告而娶：语出《孟子·万章上》。
② 武之不葬而兴师：指周武王未葬其父周文王，就兴兵讨伐殷纣王。事见《史记·伯夷列传》卷六十一。
③ 语出《孟子·离娄上》。
④ 语出《孟子·告子下》。

省之仪节，而遂谓之能致其知，则凡知君之当仁者，皆可谓之能致其仁之知，知臣之当忠者，皆可谓之能致其忠之知，则天下孰非致知者邪？以是而言可以知致知之必在于行，而不行之不可以为致知也，明矣。知行合一之体，不益较然矣乎？夫舜之不告而娶，岂舜之前已有不告而娶者为之准则，故舜得以考之何典，问诸何人，而为此邪？抑亦求诸其心一念之良知，权轻重之宜，不得已而为此邪？武之不葬而兴师，岂武之前已有不葬而兴师者为之准则，故武得以考之何典，问诸何人，而为此邪？抑示求诸其心一念之良知，权轻重之宜，不得已而为此邪？使舜之心而非诚于为无后，武之心而非诚于为救民，则其不告而娶与不葬而兴师，乃不忠不孝之大者。而后之人不务致其良知，以精察义理于此心感应酬酢之间，顾欲悬空讨论此等变常之事，执之以为制事之本，以求临事之无失，其亦远矣。（《答顾东桥书》）

　　这段话在实践道德学上含有重大的意味。善恶的标准，有一部分是绝对的，有一部分是相对的。相对的那部分，或甲时代与乙时代不同，或甲社会与乙社会不同，或同一时代社会因各个人所处的地位而不同，这种临时临事的判断，真是不能考诸何典问诸何人。除却凭主观的一念良知之直觉以权轻重之宜，没有别的办法。然则我们欲对于此等临事无矢，除却平日下功夫把良知磨得雪亮，预备用得着直觉时，所直觉者不致错误，此外又更有何法呢？

　　第三，一般人所判断的是非善恶，自命为本于良知者，然而往往会陷于错误。这是常见的事，阳明亦承认，但阳明以为这绝不是良知本身的缺点，不过没有实下"致"的功夫，以致良知被锢蔽而失其作用耳。他说："事物之来，但尽吾心之良知以应之，所谓'忠恕达道不远'矣，凡处得有未善及有困顿失次之患者，皆是牵于毁誉得失，不能实致其良知耳。若能实致其良知，然后见得平日所谓善者，未必是善，所谓未善者却恐正是牵于毁誉得失，不能实致其良知耳。若能实致其良知，然后见得平日所谓善者未必是善，所谓未善者却恐正是牵于毁誉得失而自贼其良知者也。"（《答周道通①书》）俗语说得好："旁观者清，当局者迷。"同是一个人，同是那良知，何以观察旁人很清醒，自己当局便糊涂起来呢？因为一到当局便免不了得失或毁誉等等顾忌。譬如讨论一个工厂法案，某甲属于劳动阶级，主张便如此，某乙属于资本阶级或想利用资本阶级，主张便如此。虽各各昌言到我本我良知的主张，其实他的良知已经被得失之见缠蔽了。纵使不属那阶级亦不想利用那阶级，然而看见哪一种时髦的主张便跟着主张去，或者从前主张错了，而护短不欲改口，他的良知已经被毁誉之见缠蔽了。此外或因一时情感冲动，或因事实牵扯，令良知失其作用者原因甚多。总而言之，以自己为本位，便有一种"我的成见"横亘胸中，便是以为良知之贼，这类东西，阳明统名之曰"私欲"。致良知功夫，最要紧是把这些私欲划除净尽，假使一个人他虽然属于劳动阶级或资本阶级，但他并不以本身利害为本位，纯采第三者的态度，由当局而抽身出来像旁观者一样，而且并不要讨好于任何部分人，不要任何部分人恭维他，赤裸裸的真，信凭他的良知来判断这个工场法案，那么我们敢保他下的判断，一定是"忠恕达道不远"了，致良知的实在功夫，便是如此。

阳明在江西时候，有一属官，常来旁听讲学。私下对人说："可惜我为薄书讼狱所困，不得为学。"阳明听见了，告诉他道："我何尝教尔离了薄书讼狱，悬空去讲学？尔既有官司之事，便从官司的事上为学，才是真格物。如问一词讼，不可因其应对无状，起个怒心；不可因他言语圆转，生个喜心；不可恶其嘱托，加意治之；不可因其请求，屈意从之；不可因自

---

① 周道通，名冲，宜兴人。先从学于王阳明，后问学于湛若水。王湛门下弟子时不相能，道通力加调和。阳明颇称许之，足见为身体力行者。

己事务烦冗，随意苟且断之；不可因旁人谮毁罗织，随人意思处之：这许多意思皆私，只尔自知，须精细省察克治，惟恐此心有一毫偏倚，杜人是非，这便是格物致知。薄书讼狱之间，无非实学；若离了事物为学，却是着空。"（《传习录》陈惟濬记）

据这段话所教训，可见得我们为什么判断事理会有错呢？都不外被"私的意见"蒙蔽着，只要把这种种"私"克去，自然会谧空衡平，一切事理到跟前，都能看得真切。程明道①所谓"廓然而大公，物来而顺应，"②正是这种境界。拿现在的话来讲，只要纯采客观态度，不掺杂丝毫主观的成见及计较，那便没有不清楚的事理。（注十一）

注十一：这段话还给我们一种重大教训，就是令我们知道修养功夫，并不消把日常应做的事搁下一边另起炉灶去做。譬如一个学生，不说我现在学校功课太忙，没有时候去致良知。你在课堂上听讲，在图书馆里念书，便可以从听讲念书上头致你的良知。念一部书，完全为研求书中道理，不是想抄袭来完成毕业论文，不是要摘拾几句来口耳来出风头。读时不草率，不曲辨，批评时不关意气……诸如此类，就是读书时致良知功夫。《传习录》中尚有答人问读书一段云："且如读书时，良知知得强记之心不是，即克去之；有欲速之心不是，即克去之；有夸多斗靡之心不是，即克去之。如此亦只是终日与圣贤印对，是个纯乎天理之心。任他读书，亦只是调摄此心而已，何累之有？"

【案语】"致良知"之说为王阳明的根本道德修养方法。致，有恢复、推极之意。"良知"原出自《孟子》，指一种"不虑而知"的天赋道德观念。王守仁加以发挥，认为"良知即是天理"（《传习录》中），首先要求认识和

---

① 程明道（1032—1085年）：即程颢，北宋哲学家、教育家。字伯淳，学者称"明道先生"。洛阳（今属河南）人。曾和弟程颐学于周敦颐，同为北宋理学的奠基者，世称"二程"。他和弟颐的学说后来为朱熹所继承和发展，世称"程朱学派"。著作有《定性书》《识仁篇》等。

② 出自程颢《定性书》。

恢复内心固有的天理，即去"物欲"之"昏蔽"。"只是要正人心，只是要存天理，去人欲"（《传习录》上），"心之理无穷尽，原是一个渊。只为私欲窒塞，则渊之本体失了。如今念念致良知，将此障碍窒塞一齐去尽，则本体已复，便是天渊了"（《传习录》下）。实现"良知"（即天理），必须通过"心上功夫"和"克己功夫"的途径。其"心上功夫"指通过内省去悟自己固有的良知本体；其"克己功夫"指通过外在的力量，即通过对儒家经典的学习"以去其混昏蔽"（《传习录》中）。王守仁还推极自己的良知于事事物物，说："若主意头脑专以致良知为事，则凡多闻见，莫非致良知之功。盖日月之间，见闻酬酢，虽千头万绪，莫非良知发用流行。"（同上）良知是通过"见闻酬酢"的"日月之间"体现出来的，故"致吾心良知之天理于事事物物，则事事物物皆得其理矣。"（同上）即把自己的一切行为和活动都纳入封建道德规范的轨道。王守仁以"致良知"作为区分圣愚、判断善恶的根本标准，称"良知良能，愚夫愚妇与圣人同。但惟圣人能致其良知，而愚夫愚妇不能致，此圣愚之所由分也"（《传习录》中）。且说"愚夫愚妇"一旦"知这良知诀窍，随他多少邪思枉念，这里一觉，都自消融。真个是灵丹一粒，点铁成金"（《传习录》下）。

功利主义不除，一切学问无从做起

讲到这里，"图穷而匕首见"，不能不提出阳明学派最主要一个关键，曰"义利之辨"。昔朱晦庵请陆象山在白鹿洞书院讲演，象山讲论语"君子喻于义，小人喻于利"那一章，晦庵听了大感动，天气微暖，而汗出挥扇。阳明继承象山学派，所以陆王之学，彻头彻尾只是立志辨义利。阳明以为，良知唯一的仇敌是功利主义，不把这个病根拔去，一切学问无从做起。他所著有名的拔本塞源论，关于此警告说得最沉痛。今录如下：

　　夫拔本塞源之论不明于天下，则天下之学圣人者，将日繁日难，斯人沦于禽兽夷狄而犹自以为圣人之学。吾之说虽或暂明于一时，终将冻解于西而冰坚于东，雾释于前而云滃[1]于后，呶呶[2]焉危困以死，而卒无救于天下之分毫也已。夫圣人之心，以天地万物为一体，其视天下之人，无外内远近，凡有血气，皆其昆弟[3]赤子之亲，莫不欲安全而教养之，以遂其万物一体之念。天下之人心，其始亦非有异于圣人也，特其间于有我之私，隔于物欲之蔽，大者以小，通者以塞，人各有心，至有视其父、子、兄、弟如仇雠者。圣人有忧之，是以推其天地万物一体之仁以教天下，使之皆有以克其私，去其蔽，以复其心体之同然……

---

[1] 云滃（wěng）：云气四起。比喻盛多。
[2] 呶（náo）呶：多言；喋喋不休。
[3] 昆弟：兄弟。

孔孟既没，圣学晦而邪说横，教者不复以此为教，而学者不复以此为学。霸者之徒，窃取先王之近似者，假之于外以内济其私己之欲，天下靡然而宗之……圣人之学，日远日晦，而功利之习，愈趋愈下。其间虽尝蛊惑于佛老，而佛老之说，卒亦未能有以胜其功利之心。虽又尝折衷于群儒，而群儒之论，终亦未能有以破其功利之见。盖至于今，功利之毒沦浃于人之心髓，而习以成性也，几千年矣。相矜以知，相轧以势，相争以利，相高以技能，相取以声誉……记诵之广，适以长其傲也；知识之多，适以行其恶也；闻见之博，适以肆其辨也；辞章之富，适以饰其伪也……其称名僭号①，未尝不曰吾欲以共成天下之务，而其诚心实意之所在，以为不如是则无以济其私而满其欲也。呜呼，以若是之积染，以若是之心志，而又讲之以若是之学术，宜其闻吾圣人之教，而视之以为赘疣；则其以良知为未足，而谓圣人之学为无所用，亦其势有所必至矣……

"功利"两个字，在今世已成为哲学上一种主义——最时髦的学派。我们生今日而讲"非功利"，一般人听了何止"以为赘疣枘凿"，一定当作妖怪了。虽然，须知阳明之"非功利"并不是教人不做事，也不是叫人做事不要成功，更不是把人生乐利幸福一概抹杀。这些话无需多辨，只把阳明一生替国家替地方人民所做的事业点检一下当然可以得着绝好的反证。然则他所非的功利是什么呢？是各个人自私自利——以自己利益为本位那种念头。详细点说，凡专求满足自己的肉欲，如食膏粱衣文绣宫室之美妻妾之奉等等以及满足肉欲起见而发生的财货欲，更进而追求满足自己的权势欲，求满足自己的虚荣欲，凡此之类，阳明统名之为私欲——即功

---

① 僭（jiàn）号：超越本分的封号。

利,认为一切罪恶之根源。"知善知恶为良知,为善去恶是格物"。所谓善恶者以何为标准呢?凡做一事,发一念,其动机是否出于自私自利,即善恶之唯一标准。良知所知之善恶,就只知这一点,而且这一点,除自己的良知之外,没有别人或别的方法能知得真切确实的。然则这种标准对吗?我想完全是对的,试观凡人类的罪恶,小而自家庭细故,所谓"父借耰锄,动有德色;母取箕帚,立而谇语"①,大而至于奸淫劫盗杀人放火,哪件不是从自私自利之一念发出来。其甚者为权势欲为虚荣欲所驱使"一将功成万骨枯",不惜举千千万万人生命以殉所谓英雄豪杰者一念中不可告人之隐,然且有奇袭之学说以为之推波助澜。例如尼采辈所崇拜之"超人"的生活,主张利用民器,以他人做牺牲品为自己成功之工具,谓为所当然。阳明所谓"以若是之心志而又讲之以若是之学术"把人类兽性方面的本能尽情发挥,安得不率天下为禽兽呢?阳明痛心疾首于此种祸机,所以不能倡良知之教,他说:

> 后世良知之学不明,天下之人用其私智以相比轧,是以人各有心,而偏琐僻陋之见,狡伪阴邪之术,至于不可胜说;外假仁义之名,而内以行其自私自利之实,诡辞以阿俗,矫行以干誉,掩人之善而袭以为己长,讦人之私而窃以为己直,忿以相胜而犹谓之徇义,险以相倾而犹谓之疾恶,妒贤忌能而犹自以为公是非,恣情纵欲而犹自以为同好恶,相陵相贼,自其一家骨肉之亲,已不能无尔我胜负之意,彼此藩篱之形,而况于天下之大,民物之众,又何能一体而视之?则无怪于纷纷籍籍,而祸乱相寻于无穷矣!诚赖天之灵,偶有见于良知之

---

① 出自《汉书·贾谊传》。耰(yōu)锄(chú):犹锄耰。泛指农具。德色:自以为对人有恩德而表现出来的神色。箕(jī)帚(zhǒu):畚箕和扫帚,皆扫除之具。谇(suì)语:斥责、责骂。

学，以为必由此而后天下可得而治。是以每念斯民之陷溺，则为戚然痛心，忘其身之不肖，而思以此救之……（《答聂文蔚书》）

这段话真是一字一泪，阳明所以极力反对功利主义，所以极力提倡致良知，他那一片婆心，合盘托出给我们看了，我们若还相信这些话有相当价值，总可以感觉到。这种专以自己为本位的人，学问少点，才具短点，作恶的程度也可以减轻点，若再加之以学问才具，天下人受其荼毒更不知所底极了。然而天下事到底是要靠有学问才具的人去做的。倘使有学问有才具的人不能在自己心术上痛切下一番革命功夫，则这些人都是为天下造孽的人。天下的罪恶祸乱，一定相寻于无已。所以阳明对于当时的青年痛切警告道："今天下事势，如沉疴积痿，所望以起死回生者，实有在于诸君子，若自己病痛未能除得，何以能疗天下之病？"（《与黄宗贤书》）

当时一青年有自是好名之病，阳明屡屡责备他道："此是汝一生大病根。譬如方丈地内，种此一大树，雨露之滋，土脉之力，只滋养得这个大根。四旁纵要种些嘉谷，上面被此树树叶遮覆，下面被此树根盘结，如何生长得成？须用伐去此树，纤根勿留，方可种植嘉种。不然，任汝耕耘培壅[①]，只是滋养得此根。"（《传习录》陆澄记）夫好名也是促进青年向上的一种动机，阳明何故深恶痛绝到如此。因为好名心也是从自私自利出来，充这个念头所极，可以种种作伪，种种牺牲别人以为自己，所以真正做学问的人，非从这种罪恶根芽上廓清不可。

欲廓清自私自利念头，除却致良知没有第二法门。因为心术隐微，只有自己的良知方能照察得出，阳明说："人若不于此独知之处用力，只在人所共知处用功，便是作伪，便是'见君子而后厌然'。此独知处便是诚的萌芽，以

---

① 培壅（yōng）：于植物根部堆土以保护其根系，促其生长。

处不论善念恶念,更无虚假一是百是,一错百错,正是义利诚伪善恶界头。于此一立立定,便是正本澄源,古人为学功夫精神命脉全体,只在此处。"(《传习录》上)所以他又说:"慎独即是致良知。"(《与黄勉之书》)

【案语】尼采(Friedrich Nietzsche,1844—1900年)为德国哲学家,唯意志论和生命哲学主要代表之一。否定传统的哲学、宗教、伦理道德观念,提出"重新估定一切价值",其哲学大致包括强力意志说、永恒轮回说、超人说、反理性主义说和非道德说等方面。认为自然界与社会中的决定力量是意志,历史的进程就是强力意志实现其自身的过程,人生的目的在于发挥强力、"扩张自我"。认为超人是历史的创造者,群众只是超人实现其强力意志的工具。主张艺术是强力意志的一种表现形式,艺术家即高度扩张自我、表现自我的人。主要著作有《悲剧的诞生》《查拉图斯特拉如是说》《善恶的彼岸》《道德的世系》《强力意志》等。

在尼采哲学中,"超人"与"强力意志"同为他的唯意志论的基本概念。他宣称超人是"超越善恶概念"的人,是超于凡人之上的人,是在人类进化过程达到顶点时出现的。超人与凡人的区别,犹如凡人与猿猴的区别一样。超人将决定历史的发展,而凡人则是"奴隶"与"畜群",只是超人用来实现他的强力意志的工具。他的关于超人的理论称为"超人哲学"。

致良知非消极克己之学

　　这样说来，致良知切实下手的功夫，是不是专在消极的克己作用呢？不错，克己是致良知重要条件，但不能认克己为消极作用。阳明说："人须有为己之心方能克己，能克己方能成己。"（《传习录》答萧惠文）这句话又怎样解呢？我们想彻底了解他，要回复到他的心物合一论之哲学上见解来。

　　阳明因为确信心外无物，物外无心，灼然见得身外之人们及天地万物们都是"真我"或"大我"的构成要素。因此得着"物我同体"的结论，前文已经说过了。既已如此，然则自私自利之心，强把人我分为两体，岂不是我的"真我"罹了车裂之刑吗？所以他说："这心之本体，便是你的真己。你若真要为那尔体的己，也须用着这个真己，便须要常常保护这真己的本体。有一毫污损他，便如刀割，如针刺，忍耐不过，必须去了刀，拔了针，才是为己之心，方能克己。"（同上）因此之故，克己功夫，非惟用不着强制执行，或者还可以说发于本能之不容自己，所以他说道："故凡慕富贵、忧贫贱、欣戚得丧、爱憎取舍之类，皆足以蔽吾聪明睿智之体，而窒吾源泉时出之用。若此者，如明目之而翳之以尘沙，聪耳之中而塞之以木楔也。其疾痛逆郁，将必速去之为快，而何能忍于时刻乎？"（《答南元善书》）克己本是一件极难的事，然而"见得良知亲切时，其功夫又自太难。"（《与黄宗贤书》）所谓见得亲切的是个什么？就是见出那物我为一痛痒相关的本体。这些话骤听着像是大言欺人，其实只是人生习见的事。例如慈母对于她的乳儿，青年男女对于他的恋人，那种痛痒一体的意思何等亲切，几曾见有对于自己的恋人而肯耍手段玩把戏牺牲他的利益以谋自利者。假使有这种念头偶然涌起，一定自己觉得伤害爱情神圣的本体，立刻感深切的苦痛，像目中尘耳中楔一般，必拭去拔去而后为快，是不是呢？但这种境界，在一般人只有慈母对乳儿、恋人对恋人才能发现，若大圣大贤，把天下国家看成他的乳儿，把一切人类看成他的恋人，其痛痒一体之不能自已，又何足怪。阳明以为人类的本性原是如此，所有"间形骸而分尔我"者，都不过良知受蔽隔而失其作用。"致"的功夫，只是把良知麻木过去那部分打些药针，令其恢复原状，一旦恢复之后，物我一体的感觉自然十分灵敏，哪里容得丝毫间隔，下手功夫又何难之有呢？所以《大学》说："如恶恶臭如好好色。"而阳明亦最喜欢引以为喻，他说："从未见有过见好色的人要人强逼着才肯去爱的。"（约《传习录》语）又说："好色之人，未尝有痛于困忘者，只是一真切耳。"（《启问道通书》）由此观之，可见在致良知这个口号底下所用克己功夫，是积极的而非消极的了。

良知本体与功利主义之分别，孟子说得最明白："凡人乍见孺子将入于井，皆有怵惕恻隐之心，非所以纳交于孺子之父母也，非所以要誉于乡党朋友也，非恶其声而然也。"乍见的恻隐，便是良知本体。纳交要誉恶其声等等杂念，便是得丧毁誉关系，便是功利。致良知功夫，最要紧是"非所以什么非所以什么"，换句话说，一切行为，都是目的，不是手段，阳明说："君子之学，求尽吾心焉尔。故其事亲也，求尽吾心之孝，而非以为孝也；事君也，求尽吾心之忠，而非以为忠也。是故夙兴夜寐，非以为勤也；剸繁理剧①，非以为能也；嫉邪祛蠹②，非以为刚也；规切谏诤，非以为直也；临难死义，非以为节也。吾心有不尽焉，是谓自欺其心；心尽而后，吾之心始自以为快也。惟夫求以自快吾心，故凡富贵贫贱、忧戚患难之来，莫

---

① 剸（tuán）繁理剧：亦作"理剧剸繁""理繁剸剧"。治理繁乱事务。
② 祛（qū）蠹（dù）：除去祸害。

非吾所以致知求快之地。苟富贵贫贱、忧戚患难而莫非吾致知求快之地，则亦宁有所谓富贵贫贱、忧戚患难者足以动其中哉？世之人徒知君子之于富贵贫贱、忧戚患难无人而不自得也，而皆以为独能人之所不可及，不知君子之求以自快其心而已矣。"（《题梦槎奇游诗卷》）

这段话是"如恶恶臭，如好好色，此之谓自慊"那几句的详注。问为什么要恶恶臭？为什么要好好色？谁也不能说出理由来。只是生理作用，非好好恶恶不能满足罢了。人生数十寒暑，勤勤恳恳乃至忍艰难冒危险去做自己良心上认为应做的事，问为什么，什么都不为，再问，只能答道为良心上的安慰满足。这种人生观，真是再逍遥自在不过的了，真是再亲切有味不过的了。回看功利主义者流，天天以为什么为什么相号召，营营于得丧毁誉，过几十年患得患失日子者，就为有价值，就为无价值，我们可以知所别择了。（注十二）

注十二：阳明既排斥功利主义，当然也跟着排斥效率主义。他说："圣贤只是为己之学，重功夫不重效验。"（《传习录》下）

人人皆可为圣

以上所述，致良知的全部功夫大概都讲到了。但是，不能致良知的人，如何才会致起来呢？阳明以为最要紧是立志，孔子说："为仁由己，而由人乎哉？"又说："我欲仁，斯仁至矣。"阳明接见学者，常以此激劝之，其在龙场示诸生教条四章，首即立志，其在《传习录》中谆谆言此者不下数十条。其《示弟立志说》云：

> 君子之学，无时无处而不以立志为事。正目而视之，无他见也；倾耳而听之，无他闻也。如猫捕鼠，如鸡覆卵，精神心思凝聚融结，而不知有其他，然后此志常立，神气精明，义理昭著。一有私欲，即便知觉，自然容住不得矣。故凡一毫私欲之萌，只责此志不立，即私欲便退；听一毫客气之动，只责此志不立，即客气便消除。或怠心生，责此志，即不怠；忽心生，责此志，即不忽；燥心生，责此志，即不燥；妒心生，责此志，即不妒；忿心生，责此志，即不忿；贪心生，责此志，即不贪；傲心生，责此志，即不傲；吝心生，责此志，即不吝。盖无一息而非立志责志之时，无一事而非立志责志之地。故责志之功，其于去人欲，有如烈火之燎毛，太阳一出，而魍魉[1]潜消也。

志是志个什么呢？阳明说，要志在必为圣人，他的门生萧惠[2]问学，他

---

[1] 魍（wǎng）魉（liǎng）：古代传说中的山川精怪、鬼怪。
[2] 萧惠：王阳明弟子，《传习录》记，萧惠曾沉迷于佛道，受到阳明批评。

说:"待汝办个真求为圣人的心来再与汝说。"(《传习录》上)有一天,几位门生侍坐,阳明叹息道:"你们学问不得长进,只是未立志。"有一位李琪①起而对曰:"我亦愿立志。"阳明说:"难说不立,未是必为圣人之志耳。"(《传习录》下)这些话不知现代青年们听了怎么样?我想不是冷笑着以为迂而无用,便是惊骇着以为高不可攀,其实阳明不肯说迂而无用的话,也既不肯说高不可攀的话,我们欲了解他的真意,请先看他对于"圣人"两字所下定义,他说:

> 圣人之所以为圣,只是其心纯乎天理而无人欲之杂。犹精金之所以为精,但以其成色足而无铜铅之杂也。人到纯乎天理方是圣,金到足色方是精。然圣人之才力,亦有大小不同,犹金之分两有轻重。尧、舜犹万镒,文王、孔子犹九千镒……伯夷伊尹犹四、五千镒。才力不同,而纯乎天理则同,皆可谓之圣人。犹分两虽不同,而足色则同,皆可谓之精金……盖所以为精金者,在足色,而不在分两。所以为圣者,在纯乎天理,而不在才力也。故虽凡人,而肯为学,使此心纯乎天理,则亦可为圣人。犹一两之金,比之万镒,分两虽悬绝,而其到足色处,可以无愧。故曰"人皆可以为尧舜"者以此。学者学圣人,不过是去人欲而存天理耳。犹炼金而求其足色,金之成色所争不多,则锻炼之工省,而功易成。成色愈下,则锻炼愈难。人之气质清浊粹驳,有中人以上、中人以下,其于道有生知安行、学知利行,其下者必须人一己百、人十己千,及其成功则一。后世不知作圣之本是纯乎天理,却专去知识才能上求圣人,以为圣人无所不知,无所不能,我须是将圣人

---

① 李琪:王守仁弟子。王守仁逝世之时,时任吏部尚书桂萼借口弹劾守仁,明世宗大怒,下诏停其爵世袭,恤典不行,故王守仁丧葬之时全由门生故旧相助。李琪于洪溪日夜不停为守仁修墓,月余即成。

许多知识才能逐一理会始得。故不务去天理上着功夫。徒弊精竭力，从册子上钻研，名物上考索，形迹上比拟。知识愈广而人欲愈滋，才力愈多而天理愈蔽。正如见人有万镒精金，不务锻炼成色，求无愧于彼之精纯，而乃妄希分两，务同彼之万镒，锡、铅、铜、铁杂然而投，分两愈增而成色愈下，既其梢末，无复有金矣。（《传习录》答蔡希渊①问）

这番话可谓妙喻解颐，圣人中可以分出等第，有大圣人、小圣人、第一等、第二等圣人乃至第九十九等圣人，而其为圣人则一。我们纵使够不上做一万斤重的一等圣人，最少也可以做一两重一分重乃至一厘重的第九十九等圣人。做一厘重的九十九等圣人，比诸一万斤重的一等凡人或坏人，其品格却是可贵。孟子所谓"人皆可以为尧舜"，必要如此方解得痛，否则成为大妄语了。

【案语】王守仁在理学许多重大理论问题上都是宗陆（九渊）非朱（熹）的，唯独在理欲之辨上与朱熹一致，主张存理去欲。陆九渊认为"天理人欲之分极有病"（《语录》下），如此便视天与人不同。王守仁却说存理去欲是作圣之功，使修养达到最高境界的功夫。说："必欲此心纯乎天理而无一毫人欲之私，此作圣之功也。"（《传习录》中）"只要去人欲、存天理，方是功夫。"（《传习录》上）"圣人之所以为圣，只是其心纯乎天理而无人欲之杂。"（同上）将其主张的存理去欲修养功夫之功称为"作圣之功"。

当时有一位又聋又哑的人名叫杨茂，求见阳明，阳明和他笔谈，问道："你口不能言是非，你耳不能听是非，你心还能知是非否？"茂答："知是

---

① 蔡希渊：名宗兖，字希渊。浙江山阴人。明朝官员、学者。正德十二年（1517年）进士，官至四川提学佥事。

非。"阳明说:"如此,你口虽不如人,你耳虽不如人,你心还与人一般。"茂首肯拱谢。阳明说:"大凡人只是此心,此心若能存天理,是个圣贤的心,口虽不能言,耳虽不能听,也是个不能言不能听的圣贤,心若不存天理,是个禽兽的心,口虽能言,耳虽能听,也只是个能言能听的禽兽。"茂听了扣胸指天。阳明说:"……你但在里面行你那是的心,莫行你那非的心。纵使外面人说你是也不须管,说你不是也不须管。"茂顿首拜谢。(《论泰和杨茂》)这段话虽极显浅,却已把致良知彻始彻终功夫包括无遗。人人都有能知是非的心,只要就知之所及行那是的心不能行那非的心,虽口不能言耳不能听,尚且不失为不能言不能听的圣人。然则"圣人与我同类",人人要做圣人便做圣人,有什么客气呢?至于或做个不识一字在街上叫化的圣人,做个功被天下师表万世的圣人,这却是量的分别,不是质的分别。圣人原是以质计不以量计的,阳明教学者要先办个必为圣人之志,所办,办此而已。

这样看来,阳明致良知之教,总算平易极了。然则后来王学末流,为什么会堕入空寂为后世诟病呢?原来阳明良知之说,在哲学上有很深的根据,既如前章所述。他说:"心之本体便是知。"所谓"见得良知亲切"者,即是体认本体亲切之谓。向这里下手,原是一了百了的绝妙法门,所以阳明屡屡揭此义为学者提掇。但他并非主张"一觉之后无余事"者,所以一面直提本体,一面仍说:"省察克治之功无时而可已。"而后之学者,或贪超进,惮操持,当然会发生处近于禅宗之一派,此亦学术嬗变上不可逃避之公例也。

钱绪山说:"师既没,音容日远,吾党各以己见立说。学者稍见本体,即好为径超顿悟之说,无复有省身克己之功。谓一见本体,超圣可以跂足,视师门诚意格物、为善去恶之旨,皆相鄙以为第二义。简略事为,言行无顾,甚者荡灭礼教,犹自以为得圣门之最上乘。噫!亦已过矣。"(《大学问跋》)王学末流,竟倡"现成良知"之说,结果知行不复合一,又陷于"知而不行只是不知"之弊,其去阳明之本意远矣。

德育鉴：王阳明致良知之说……

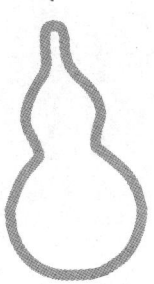

例 言

　　鄙人关于德育之意见,前所作《论公德》《论私德》两篇,既已略具。本书即演前文宗旨,从事编述。

　　记有之,有可得与民变革者,有不可得与民变革者。窃以为道德者,不可得变革者也。近世进化论发明,学者推而致诸各种学术,因谓即道德亦不能独违此公例。日本加藤弘之①有《道德法律进化之理》一书,即此种论据之崖略也。徐考所言,则仅属于伦理之范围,不能属于道德之范围(道德之范围,视伦理较广。道德可以包伦理,伦理不能尽道德)。藉曰道德,则亦道德之条件,而非道德之根本也。若夫道德之根本,则无古无今无中无外而无不同。吾尝闻之子王子之言矣,曰:"良知之于节目时变,犹规矩尺度之于方圆长短也。节目时变之不可预定,犹方圆长短之不可胜穷也。故规矩诚立,则不可欺以方圆。而天下之方圆,不可胜用矣。尺度诚陈,则不可欺以长短,而天下之长短不可胜用矣!良知诚致,则不可欺以节目时变,而天下之节目时变不可胜应矣!"夫所谓今之道德当与古异者,谓其节目时变云尔。若语于节目时变,则岂惟今与古异,抑且随时随地随事随人在而皆可异。如人民服从政府,道德也;人民反抗政府,亦道德也,则因其政府之性质如何,而所以为道德者异。缄默谨言,道德也;游说雄辩,亦道德也,则因其发言之目的如何,而所以为道德者异。宽忍包荒,道德也;

---

① 加藤弘之(1836—1916年),日本政治家、教育家、哲学家、启蒙思想家、官僚、明治时代官界和学界的总帅。正二位、勋一等、男爵。文学博士、法学博士、帝国学士院会员(院士)、东京帝国大学名誉教授。

竞争权利，亦道德也，则因其所对之事件如何，而所以为道德者异。节约俭苦，道德也；博施挥霍，亦道德也，则因其消费之途径如何，而所以为道德者异。诸如此者，其种类恒河沙数，累万纸而不能尽也。所谓道德进化论者，皆谓此尔。虽然，此方圆长短之云，而非规矩尺度之云也。若夫本原之地，则放诸四海而皆准，俟诸百世而不惑。孔子所谓一以贯之矣。故所钞录学说，惟在治心治身之要。若夫节目时变，则胪举难殚①。悸原以往，应之自有余裕耳。公德私德，为近世言德育者分类之名词。虽然，此分类亦自节目时变方面观察之，曰某种属于公之范围，某种属于私之范围耳。若语其本原，则私德亏缺者，安能袭取公德之美名，而仅修饰私德而弁髦②公德者，则其所谓德已非德。何以故？以德之定义与公之定义常有密切不能相离之关系故。今所钞录，但求诸公私德所同出之本。若其节目，则《刘蕺山人谱》及东人③所著《公德美谈》之类，亦数倍此编之卷帙，不能尽耳。

本编所钞录，全属中国先儒学说，不及泰西，非敢贱彼贵我也。浅学如鄙人，于泰西名著，万未窥一。凭借译本，断章零句，深惧灭裂④以失其真，不如已已。抑象山有言：东海西海有圣人出焉，此心同也，此理同也。治心治身本原之学，我先民所以诏我者，实既足以供我受用而有余。孔子曰："知及之，仁守之。"又曰："得一善，则拳拳服膺而不失。"窃谓守而不失，然后其物乃在我。否即博极寰海，亦口耳四寸之间耳。语曰：

---

① 胪举：列举。难殚：难以竭尽。
② 弁（biàn）髦（máo）：弁，黑色布帽；髦，童子眉际垂发。古代男子行冠礼，先加缁布冠，次加皮弁，后加爵弁，三加后，即弃缁布冠不用，并剃去垂髦，理发为髻。这里是鄙视的意思。
③ 东人：指日本人。
④ 灭裂：草率；轻忽从事。

岂卖菜也，而求添乎？守为道日损之义，虽见诮固陋，所不敢辞。

  本编不可以作教科书，其体裁异也。惟有志之士，欲从事修养以成伟大之人格者，日置座右，可以当一良友。其甄录去取之间，与夫所言进学之途径次第，及致力受用之法门，自谓颇有一日长。不然，安取剿说^①以祸枣梨^②也？若夫学校用本，尚思别述。杀青之期，不敢言耳。

乙巳十一月

著者识

---

① 剿说：抄袭别人的言论为己说。
② 枣梨：谓雕版印刷。旧时多用枣木或梨木雕刻书版，故称。

辨术第一

术者何？心术之谓也。孟子称仁术。谓有是术然后体用乃有可言也。又曰："羿之教人射，必志于彀①；学者亦必志于彀"。不有彀以为之闲，学皆伪学矣。述辨术第一。

义利之辨，不可不猛省也

凡欲为学当先识义利公私之辨，今所学果为何事？人生天地间，为人自当尽人道。学者，所以为学。学为人而已，非有为也。（陆象山）

学者须是打叠②田地净洁，然后令他奋发植立。若田地不洁净，则奋发植立不得。古人为学，即读书然后为学可见。然田地不洁净，亦读书不得。若读书则是假寇兵资盗粮。（陆象山）

入道之路，莫切于公私义利之辨，念虑之兴，当静以察之。舍此不治，是犹纵盗于家，其余无可为力矣。（方正学孝孺）

今人为学，多在声价上做，如此，则学时已与道离了，费尽一生功夫，终不可得道。（胡敬斋）

数年切磋，只得立志辩义利。若于此未有得力处，却是平日所讲，尽

---

① 彀（gòu）：使劲张弓。
② 打叠：收拾、安排。

成虚语，平日所见皆非实得，不可以不猛省①也！（王阳明）

学绝道丧，俗之陷溺，如人在大海波涛中，且须援之登岸，然后可授之衣而与之食；若以衣食投之波涛中，是适重其溺也。（王阳明）

《论语》所谓异端者，谓其端异也。吾人须研究自己为学初念，其发端果是为何，乃为正学。今人读孔、孟书，祇为荣肥计，便是异端。（夏廷美）

圣门教人，无甚高远，只是要人不坏心术，狂狷是不坏心术者，乡愿是全坏心术者。（钱启新一本）

学绝道丧之余，苟有兴起向慕于是学者，皆可以为同志，不必铢称寸度而求其尽合。于此以之待人可也。若在我之所以为造端立命者，则不容有毫发之或爽矣。（中略）今古学术之诚伪邪正，何啻碔砆②美玉！然有眩惑终身而不能辨者，正以此道之无二，而其变动不拘，充塞无间，纵横颠倒，皆可推之而通。世之儒者，各就其一偏之见，而又饰之以比拟仿像之功，文之以章句假借之训，其为习熟既足以自信，而条目又足以自安，此其所以诳己诳人，终身没溺而不悟焉耳！然其毫厘之差，而乃致千里之谬。非诚有求为圣人之志而从事于惟精惟一之学者，莫能得其受病之源，而发其神奸之所由伏也。若某之不肖，盖亦尝陷溺于其间者几年，伥伥然既自以为是矣。赖天之灵，偶有悟于良知之学，然后悔其向之所为者，固包藏祸机，作伪于外，而心劳日拙者也。十余年来，虽痛自洗剔创艾，而病根深痼，萌蘖时生。所幸良知在我，操得其要，譬犹舟之得舵，虽惊风巨浪颠沛不无，尚犹得免于倾覆者也。夫旧习之溺人，虽已觉悔悟，而其克治之功，尚且

---

① 猛省（xǐng）：陡然醒悟。《朱子全书·学四》："人心之公，每为私欲所蔽，所以更放不下；但常常以此两端体察，若见得时，自须猛省，急摆脱出来。"

② 碔（wǔ）砆（fū）：似玉的美石。

其难若此，又况溺而不悟，日益以深者，亦将何所抵极乎！（王阳明）

启超谨案： 居今日而与学者言义利之辨，无论发心体认者，渺不可得。但求其不掩耳却走者，盖千百中无一矣。何也？所谓权利思想，所谓功利主义，既已成一绝美之名词，一神圣之学派。今乃举其彼平昔所服膺最反对之学说而语之，匪直以为迂，且以为妄耳。吾辈今为一至浅之解释以勘之，先哲所谓义者，诚之代名词耳；所谓利者，伪之代名词耳。吾辈今日之最急者，宜莫如爱国。顾所贵乎有爱国之士者，唯其真爱国而已。苟伪爱国者盈国中，试问国家前途，果何幸也？骤执一人而语之曰：尔之爱国伪也。未有不弗然怒者。而究其极，果为真为伪，苟非内自鞫①之，而他人安能察也？试自鞫焉，吾知其中必有两种人：其一则本无爱国之心，而以此口头禅可以自炫于天下，冒之以为名高也。此明察其伪而安之者也。其一则受风潮之刺激，闻先觉之警导，其爱国心激发于一时，自问现在之一念，似未尝杂以伪者存。而此念之果能确实久持与否，在我抑未能自信也。由前之说，则自暴自弃，甘于为小人，不足责矣；由后之说，则吾将来或成就一真爱国者，或成就一伪爱国者，其几甚微而用力不可以不豫也。吾侪无论何人，于并时朋辈中，或其所交者，或其所闻者，必尝有数人焉。在数年前自命为爱国志士，同人亦公认其为爱国志士。而今也或以五六七品之头衔，百数十金之薪俸，而委蛇以变其节也。或征歌选色于都会，武断盗名于家乡，而堕落不可复问也，则必指名戟手②而唾之曰：某也某也，其平昔所谈爱国皆伪也。设其时，有旁人语我曰数年以后，恐足下其亦如彼，则我必弗然怒也。庸讵③知彼辈自始固非尽出于伪，如吾所谓自暴自弃甘心

---

① 自鞫（jū）：自我审查。
② 戟（jǐ）手：伸出食指和中指指人，以其似戟，故云。常用以形容愤怒或勇武之状。
③ 庸讵（jù）：亦作"庸遽"。

为小人也。其数年前受风潮之刺激，闻先觉之警导，而忽然激发其一念之热诚，犹吾今日也。顾何以今竟若此，则以承数百年学绝道丧之余，社会之腐败已极，自其未出胎之始，已受种种污恶之遗传性。又自孩提稍有知识以迄①于弱壮，其浸染于无形之恶教育者，至深且厚。及其受风潮之激刺，闻先觉之警导，而忽焉有此一念之热诚，正乃孟子之所谓外铄②。而前此种种之恶根，与此一念正成反比例者，卒未之能拔。及其一旦离学界以入于他种之社会，则其社会又自有其种种之恶现象相与为缘。而与前此所留之恶根，如电斯感，如芥斯投，故不转瞬而所谓此一念之热诚者，乃如洪炉点雪，销归无有也。吾侪自问视阳明先生何如，以阳明先生之大贤，犹曰十余年痛自洗剔创艾③，而病根深痼，萌蘖时生；而吾侪谓一时受刺激闻警导所发之热诚，遽足以自信，多见其不知量也。诚如是也，则我今日所指名唾骂之夫己氏④，安保其不为数年后我躬⑤之化身也？

今欲免之，其道何由？亦曰于王子所谓援之登岸者，痛加功夫而已。以孔子之言言之，则为己也，喻义也。此关不勘得真，不操得熟，则终是包藏祸机，终是神奸⑥攸伏，他日必有夺其宫而坠诸渊者。安得不惧？安得不勉？

---

① 迄（qì）：到、至。
② 外铄（shuò）：犹外力。
③ 洗剔（tī）：修整、整治。创（chuāng）艾（yì）：亦作"创刈"。谓因受惩治而畏惧；戒惧。
④ 夫己氏：犹言某人，不欲明指其人时之称。
⑤ 我躬：我本身，我自己。
⑥ 神奸：指鬼神怪异之物。

欲成天下之务，必诚心实意也

先师讲学山中，一人资性警敏；先生漫然视之，屡问而不答；一人不顾非毁，见恶于乡党，先师与之语，竟日忘倦。某疑而问焉，先师曰："某也资虽警敏，世情机心，不肯放舍，使不闻学，犹有败露悔改之时，若又使之有闻，见解愈多，趋避愈巧，覆藏愈密，一切圆融智虑，为恶不可复悛矣。某也原是有力量之人，一时狂心，销遏不下，今既知悔，移此力量为善，何事不办？此待两人所以异也。"（《王龙溪繖》。先师指阳明）

孟源有自是好名之病，先生喻之曰："此是汝一生大病根。譬如方丈地内，种此一大树，雨露之滋，土脉之力，只滋养得这个大根。四旁纵要种些嘉谷，上被此树遮覆，下被此树盘结，如何生长得成？须是伐去此树，纤根勿留，方可种植嘉种。不然，任汝耕耘培壅，只滋养得此根。"（《传习录》。先生指王阳明）

启超谨案：象山所谓田地不洁净，则读书为藉寇兵、资盗粮；阳明所谓投衣食于波涛，只重其溺。以此二条参证之，更为博深切明。盖学问为滋养品，而滋养得病根，则诚不如不滋养之为愈。趋避巧而覆藏密，皆非有学问者不能，然则学问果藉寇兵、资盗粮也。近世智育与德育不两立，皆此之由。

圣人之学，日远日晦，而功利之习，愈趋愈下。其间虽尝瞀惑于佛老，而佛老之说，卒亦未能有以胜其功利之心。虽又尝折衷于群儒，而群儒之论，终亦未能有以破其功利之见。盖至于今，功利之毒，沦浃于人之心髓，而习以成性者，几千年矣。相矜以知，相轧以势，相争以利，相高以技能，相取以声誉（中略）。记诵之广，适以长其敖也；知识之多，适以行其恶也；闻见之博，适以肆其辨也；辞章之富，适以饰其伪也。是以皋、夔、稷、契所不能兼之事，而今之初学小生，皆欲通其说究其术。其称名僭号，未尝不曰：吾欲以共成天下之务，而其诚心实意之所在，以为不如是，则无以济其私而满其欲也。呜呼！以若是之积染，以若是之心志，而又讲之以若是之学术，宜其闻吾圣人之教，而视之以为赘疣枘凿，则其以良知为未足，而谓圣人之学为无所用，亦其势有所必至矣！（王阳明）

启超谨案：王子此言，何其淋漓沉痛，一至于是！读之而不羞恶、怵惕、创艾、奋发者，必其已即于禽兽者也！其所谓称名借号曰吾欲以共成天下之务，而诚心实意乃以济其私而满其欲，吾辈不可不当下返观，严自鞠讯曰：若某者，其能免于王子之所诃乎？若有一毫未能自信也，则吾之堕落，可计日而待也！夫以王子之时，犹曰此毒沦浃心髓，既已千年，试问今之社会，视前明之社会何如？前明讲学之风遍天下，缙绅之士，日以此义相激励，而犹且若是，况于有清数百年来，学者公然以理学为仇敌，以名节为赘疣。及至今日，而翻译不真首尾不具之新学说搀入之，我辈生此间，其自立之难，视王子时又十倍焉。非大豪杰之士，其安能脱此罗网，以自淑而淑世耶？

妄意于此，二十余年矣！亦尝自矢以为吾之于世，无所厚取，"自欺"二字，或者不至如人之甚。而两年以来，稍加惩艾，则见为吾之所安而不惧者，正世之所谓大欺。而所指以为可恶而可耻者，皆吾之处心积虑。阴托之命，而恃以终身者也。其使吾之安而不惧者，乃先儒论说之余，而冒以自足。以知解为智，以意气为能，而处心积虑于可耻可恶之物，则知解之所不及，意气之所不行。觉其缺漏，则蒙以一说，欲其宛转，则加以众证，先儒论说愈多，而吾之所安日密，譬之方技俱通，而痿痹不恤，搔爬能周，而痛痒未知，甘心于服鸩，而自以为神剂。如此者不知日月几矣。呜呼！以是为学，虽日有闻，时有习，明师临之，良友辅之，犹恐成其私也。况于日之所闻，时之所习，出入于世俗之内，而又无明师良友之益，其能免于前病乎？夫所安者在此，则惟恐人或我窥，所蒙者在彼，则惟恐人不我与。托命既坚，固难于拔除，用力已深，益巧于藏伏。于是毁誉得失之际，始不能不用其情。此其触机而动，缘衅而起，乃余症标见。所谓已病不治者也，且以随用随足之体，而寄寓于他人口吻之间，以不加不损之真，而贪窃于古人唾弃之秽，至乐不寻，而伺人之颜色以为欣戚，大宝不惜，而冀时之取予以为歉盈。如失路人之志归，如丧家子之丐食，流离奔逐，至死不休，孟子之所谓哀哉！（罗念庵洪先①）

启超谨案：念庵先生者，王门之子路也。王学之光辉笃实，惟先生是赖。此段自叙用力，几经愤悱，与前所钞阳明语"学绝道丧之余"一段参观，可见昔贤自律之严，用功之苦。而所谓打叠田地功夫。真未易做到也。其所云：觉其缺漏，则蒙以一说；欲其宛转，则加以众证。托命既坚，固难于拔除；用力已深，益巧于藏伏，此直是勘心入微处。自讼之功，行之者既寡。即行矣，而讼而能胜，抑且非易。盖吾方讼时，而彼旧习之蟠结于吾心者，又常能聘请许多辩护士，为巧说以相荧②也。噫！危哉！

---

① 罗洪先（1504—1564年），明学者，字达夫，号念庵，吉水（今属江西）人。为学宗王守仁"致良知"说。著作有《念庵集》。

② 荧：眩惑。

王学末流之敝

管东溟①曰：凡说之不正，而久流于世者，必其投小人之私心，而又可以附于君子之大道也。愚窃谓"无善无恶"四字当之。何者？见以为心之本体，原是无善无恶也。合下便成一个"空"。见以为无善无恶，只是心不着于有也，究竟且成一个"混"。空则一切解脱，无复挂碍，高明者入而悦之，于是将有如所云：以仁义为桎梏，以礼法为土苴②，以日用为缘尘，以操持为把捉，以随事省察为逐境，以讼悔迁改为轮回，以下学上达为落阶级，以砥节砺行、独立不惧；为意气用事者矣。混则一切含糊，无复拣择，圆融者便而趋之，于是将有如所云：以任情为率性，以随俗袭非为中庸，以阉然媚世为万物一体，以枉寻直尺为舍其身济天下，以委曲迁就为无可无不可，以猖狂无忌为不好名，以临难苟安为圣人无死地，以顽钝无耻为不动心者矣。由前之说，何善非恶？由后之说，何恶非善？是故欲就而诘之，彼其所占之地步甚高，上之可以附君子之大道；欲置而不问，彼其所握之机缄甚活，下之可以投小人之私心，即孔孟复作，亦奈之何哉！（顾泾阳宪成③）

---

① 管东溟：即管志道（1536—1608年），字登之，号东溟。明太仓人。隆庆五年（1571年）进士。著有《问辨牍》《续问辨牍》各4卷，《师门求正牍》2卷，《惕若斋集》4卷。
② 土苴（jū）：渣滓、糟粕。比喻微贱的东西。犹土芥。
③ 顾宪成（1550—1612年），明无锡（今属江苏）人，字叔时，号泾阳，世称"东林先生"。万历进士，官至吏部文选司郎中。

启超谨案： 此为矫正王龙溪之说而发也。龙溪为阳明高第弟子，而其学有所转手。其言曰：心亦无善而无恶，意亦无善而无恶，知亦无善而无恶，物亦无善而无恶。王学末流之敝，实自此。故晚明儒者，多矫正之。今则此种口头禅，固无有矣。而破坏之说，正与此类破坏者，动曰一切破坏，时旧道德尤其所最恶也。一言蔽之，则凡其所揭橥①者，皆投小人之私心，而又可以附于君子之大道而已。

---

① 揭橥（zhū）：揭示、显示。

千古学术，惟"立诚"而已

圣人所以为圣，精神命脉，全体内用，不求知于人，故常常自见己过，不自满假①，日进于无疆。乡愿惟以媚世为心，全体精神，尽从外面照管，故自以为是，而不可与入尧舜之道。（王龙溪《梅纯甫问答》）

乡党自好，与贤者所为分明是两条路径。贤者自信本心，是是非非，一毫不从人转换。乡党自好，即乡愿也，不能自信，未免以毁誉为是非，始有违心之行，徇俗之情。虞廷②观人，先论九德，后及于事，乃言曰"载采采③所以符德也"。善观人者，不在事功名义格套上，惟于心术微处密窥而得之。（王龙溪《云门问答》）

门人叹先生自征宁藩以来，天下谤议益众。先生曰：我在南都以前，尚有些子乡愿意思在。今信得这良知真是真非，信手行去，更不著些覆藏，才做得个狂者胸次，故人都说我行不掩言也。（《传习录》）

先师自云：吾龙场以前，称之者十之九；鸿胪以前，称之者十之五，议之者十之五；鸿胪以后，议之者十之九矣！学愈真切，则人愈见其有过。前之称之者，乃其包藏掩饰，人故不得而见也。（王龙溪。先师指阳明）

---

① 满假：自满自大。
② 虞廷：亦作"虞庭"。指虞舜的朝廷。
③ 载采采：采采，事事。《书·皋陶谟》："亦言其人有德，乃言曰载采采。"《毛传》："载，行；采，事也。称其人有德，必言其所行某事某事以为验。"

启超谨案：孔子恶乡原①，孟子释之曰：恐其乱德，诚以伪善之足以蠹社会也。龙溪解释乡原与圣贤之别，最为博深切明。而阳明自述进学之次第，其早岁中年，且不免此，然则古今能免者几人耶？阳明自道之而不讳，此其所以异于乡原也。

学要鞭辟近里着己，君子之道，暗然而日章。②为名与为利，虽清浊不同，在其利心则一。（王阳明）

仆近时与朋友论学，惟说"立诚"二字。杀人须就咽喉上着刀，吾人为学，当从心髓入微处用力，自然笃实光辉。虽私欲之萌，真是烘炉点雪，天下之大本立矣。若就标末妆缀比拟，凡平日所谓学问思辨者，适足以为长傲遂非之资。自以为进于高明光大，而不知陷于狠戾险嫉，亦诚可哀也已！（王阳明）

使在我果无功利之心，虽钱谷兵甲，搬柴运水，何往而非实学？何事而非天理？况子、史、诗、文之类乎？使在我尚存功利之心，则虽日谈道德仁义，亦只是功利之事，况子、史、诗、文之类乎？"一切屏绝"之说，是犹泥于旧习。平日用功，未有得力处。（王阳明）

学者大患，在于好名，今之称好名者，类举富贵夸耀以为言，抑末矣。凡其意有为而为，虽其迹在孝悌忠信礼义，犹其好名也，犹其私也。古之学者，其立心之始，即务去此。（徐曰仁）

"无所为而为"，这五字是圣学根源。学者入门念头就要在这上做。今人说话第二三句便落在有所为上来，只为毁誉利害心脱不去，开口便是如此。（吕心吾坤）

---

① 乡原（yuàn）：原，通"愿"，谨厚貌。指乡里中伪善欺世的人。《论语·阳货》："乡原，德之贼也。"
② "君子之道，暗然而日章；小人之道，的然而日亡。"出自《礼记·中庸》。

启超谨案：学者闻辨术之说，莫不以为迂，但今试问苟有所为而言爱国，尚足为爱国矣乎？故曰立心之始，即务去此，不去此则率天下而伪也！

人不辨诚伪，不过两脚禽兽

千古学术，只在一念之微上求。生死不违，不违此也；日月至，至此也。（王龙溪）

虽在千百人中，功夫只在一念微处；虽独居冥坐，功夫亦只在一念微处。（钱绪山）

心迹未尝判，迹有可疑，毕竟其心尚有不能尽信处。自信此生决无盗贼之心，虽有褊心之人，亦不以此疑我；若自信功名富贵之心与决无盗贼之心一般，则人之相信，自将不言而喻矣！（王龙溪《自讼》）

处事原属此心，心有时而不存，即事亦有时而不谨，所谨者在人之可闻耳。因见闻而后有着力，此之谓为人，非君子反求诸己之学也。（罗念庵）

天命流行，物与无妄，妄者，真之似者也。古人恶似而非，似者，非之微者也。"道心惟微"，妄即依焉。依真而立，即托真而行。有妄心，斯有妄形，因有妄解识、妄名理、妄言说、妄事功，以此造成妄世界。妄者亡也，故曰"罔之生也幸而免"。人心自妄根受病以来，自微而着，益增泄漏，遂受之以欺。欺与慊对，言亏欠也。《大学》首严自欺。自欺犹云亏心。心体本自圆满，忽有物以撄之，便觉有亏欠处。自欺之病，如寸隙当堤，江河可决。（刘蕺山宗周）

自欺受病，已是出入人兽关头，更不加慎独之功，转入人伪。自此即见君子，亦不复有厌然情状。一味挟智任术，色取仁而行违，心体至此百碎。进之则为乡原，似忠信，似廉洁，欺天罔人，无所不至。犹宴然自以为是，全不识人间有廉耻事。充其类为王莽①之谦恭、冯道②之廉谨，弑父与君，皆由此出。故欺与伪虽相去不远，而罪状有浅深，不可一律论。近世士大夫受病，皆坐一伪字。求其止犯欺者，已是好根器，不可多得。（刘蕺山）

启超谨案：蕺山先生此论，言妄欺伪三者之辨，最可体认。妄者犹佛说所谓无明，与真如本体相缘，殆人生所不免。欺则心之矣，然欺焉者其羞恶之心，犹有存焉；伪则安之矣，安之则性之矣，人而至于伪，更无可救戒哉。

今为学者下一顶门针，即"向外驰求"四字，便做成一生病痛。吾侪试以之自反，无不悚然汗浃者。凡人自有生以来，耳濡目染，动与一切外物作缘，以是营营逐逐，将全副精神，都用在外，其来旧矣。学者既有志于道，且将自来一切向外精神，尽与之反复身来，此后方有下手功夫可说。须知道不是外物，反求即是。故曰："我欲仁，斯仁至矣。"无奈积习已久，如浪子亡家，失其归路。即一面回头，一面仍作旧时缘，终不知在我为何物。方且自以为我矣，曰："吾求之身矣。"不知其为躯壳也。又自以为我矣，曰："吾求之心矣。"而不知其为口耳也。又自以为我矣，曰："吾求之性与命矣。"不知其为名物象数也。求之于躯壳，外矣。求之于耳目，愈外矣。求之于名物象数，外之外矣。所谓一路向外驰求也。所向是外，无往非外。一起

---

① 王莽（前45—后23年），新王朝的建立者。字巨君，魏郡元城（今河北大名东）人。汉元帝皇后之侄。西汉末掌握朝政。

② 冯道（882—954年），五代瀛州景城（今河北沧州西）人，字可道，自号长乐老。曾作《长乐老自叙》。

居焉外，一饮食焉外，一动静语默焉外，时而存养焉外，时而省察焉外，时而迁善改过焉亦外。此又与于不学之甚者也。是故读书则以事科举，仕宦则以肥身家，勋业则以望公卿，气节则以邀声誉，文章则以动听闻，何莫而非向外之病乎？学者须发真实为我心，每日孜孜汲汲①，只干办在我家当。身是我身，非关躯壳；心是我心，非关口耳；性命是我性命，非关名物象数。于此体认亲切来，自起居食息以往，无非求在我者。及其求之而得，天地万物，无非我有矣！总之道体本无内外，而学者自以所向分内外。所向在内，愈寻求愈归宿，亦愈发皇。故曰："君子之道，暗然而日章。"所向在外，愈寻求愈决裂，亦愈消亡。故曰："小人之道，的然而日亡。"学者幸早辨之。（刘蕺山）

启超谨案：以上所钞，皆示学者以辨术下手功夫。先哲所言关于此事者尚多，要之讲到真学术，千言万语，不过归着于此。此不过录其最痛切者耳，而学者或疑焉。曰：专标为己为学的，岂不近于独善其身？提挈过重，则学将为无益于世矣，应之曰："不然。孔子所谓为己，与杨朱所谓为我者全异。为己者，欲度人而先自度也。苟无度人之心，则其所以自度者，正其私也。而先哲所谓一念之微处，不可问也。"故《传习录》文云：释氏只是一统事，成就一个私己的心也。（阳明此语却非能见佛学真相者。今引之，但以证先哲所谓为己之说，正与成物不能相离而已。）然不能自度而言度人，正恐人之未度，而己先陷溺。又复借度人之口头禅语，以自饰其污秽充塞之心地。阳明所谓诳己诳人终身而不悟者，举国中多是此等人，宁为国之福乎？孔子曰："是固恶乎佞者"。其引此说以难昔贤辨术之要旨者，皆佞而已矣！

---

① 孜（zī）孜汲（jí）汲：心情急切、勤勉不懈的样子。

为学莫先于辨诚伪，苟不于诚上立脚，千修万修，只做得禽兽路上人。（刘蕺山）

世人无日不在禽兽中生活，但以市井人观市井人，彼此不觉耳。（刘蕺山）

启超谨案：此两条最痛切，勿视为嫉俗之言。

从来豪杰成事业，莫不有真至精神

有友问："三代之下，惟恐不好名，名字恐未可抹坏。"王金如云："这是先儒有激之言，若论一名字，贻祸不是小小。"友谓："即如今日之会，来听者亦为有好名之心耳。即此一念，便足亦取。"先生曰："此语尤有病，这会若为名而起，是率天下而为乱臣贼子，皆吾辈倡之也。诸友裹足而不可入此门矣。"友又谓："大抵圣贤学问，从自己起见，豪杰建立事业，则从勋名起见。无名心，恐事业亦不成。"先生曰："不要错看了豪杰，古人一言一动，凡可信之当时，传之后世者，莫不有一段真至精神在内。此一段精神，所谓诚也。惟诚，故能建立，故足不朽。稍涉名心，便是虚假，便是不诚。不诚，则无物，何从生出事业来？"（《明儒学案》，先生即刘蕺山）

启超谨案：蕺山所谓从来豪杰能成一事业，莫不有一段真至精神在内，可谓千古名言。西人所谓烟士披里纯①也，其志愿注此一事，目非是无见，耳非是无闻，心非是无虑。举人间世最可歆羡之事，不足以易其志；举人间世最困危之事，不足以夺其志。夫是以诚而能动也，而不然者，而谓能生出事业来，未之有闻也。蕺山曰：这会若为名而起，则率天下为乱贼者，皆吾辈倡之。今日之会亦多矣，倡焉者与从焉者，其亦于此一勘焉否也。更申言之，则专问其无所为而为，抑有所为而为已耳！

---

① 烟士披里纯：（英 inspiration）灵感。梁启超《烟士披里纯》："烟士披里纯者，发于思想感情最高潮之一刹那顷"。

立志第二

术既辨，吾之所以学者，为诚为伪，差足以自信矣。然而学或进或不进，或成或不成，则视其志之所以帅之者何如。述立志第二。

人患无志，不患无功夫可用

学者为气所胜，习所夺，只可责志。（程伊川）

莫说道将第一等让与别人，却做第二等。才如此说，便是自弃。虽与不能居仁由义者差等不同，其自小一也。言学便以道为志，言人便以圣为志。（程伊川）

问人或倦怠，岂志不立乎？曰：若是气体，劳后须倦；若是志，怎生倦得？人只为气胜志，故多为气所使；人少而勇，老而怯；少而廉，老而贪；此为气所使也。若是志胜气时，志既定，更不可易。（程伊川）

今之学者如登山麓，方其迤逦，莫不阔步；及到峻处便逡巡。（程伊川）

夫子曰：吾十有五而志于学。今千百年无一人有志，也是怪他不得。志个甚底，须是有智识然后有志愿。（陆象山）

人要有大志，常人汩没于声色富贵间，良心善性都蒙蔽了。今人如何便解有志？须先有智识始得。（陆象山）

大凡为学，须有所立。《论语》云：己欲立，而立人。卓然不为流俗所移，乃为有立，须思量天之所以与我者，是甚底？还是要做人

否？理会得这个明白，然后方可谓之学问。（陆象山）

上是天，下是地。人居其间，须是做得人方不枉。（陆象山）

非诚有求为圣人之志，而从事于惟精惟一之学者，不能得其受病本原，而发其神奸之所攸伏也。（王阳明）

黄久庵初见阳明，阳明曰：作何功夫？对曰：初有志，功夫全未。阳明曰：人患无志，不患无功夫可用。学者既辨义利之分，能知所决择，则在立志坚定以趋之而已。（徐横山）

立志不真，故用力未免间断，须从本原上彻底理会。种种嗜好，种种贪着，种种奇特技能，种种凡心习态，全体斩断，令干干净净。此志既真，功夫方有商量处。（王龙溪）

以身在天地间负荷，则一切俗情，自难染污。（罗念庵）

吾人当自立身放在天地间公共地步，一毫私己着不得，方是立志。只为平日有惯习处，软熟滑浏，易于因仍。今当一切斩然，只是不容放过，时时刻刻须此物出头作主，更无纤微旧习在身，方是功夫，方是立命。（罗念庵）

学者无必为圣人之志，故染逐随时，变态自为障碍，猛省洗涤，直从志上着人一己百、人十己千功夫，则染处渐消，逐时渐寡。（刘两峰文敏①）

友朋中有志者不少，而不能大成者，只缘世情窠臼难超脱耳。须是吾心自作主宰，一切利害荣辱，不能淆吾见而夺吾守，方是希圣之志，始有大成之望也。（刘两峰）

千事万事，只是一事，故古人精神不妄用，惟在志上磨砺。（刘两峰）

---

① 刘文敏（1488—1572年），字宜充，号两峰，江西安福人。自幼朴实。年二十三入禀学。自此以致良知为鹄，操存克治，瞬息不懈。主张毋谈高远而行遗卑近。

眼界不开，由骨力不坚。骨力不坚，所以眼界愈不开。（吕豫石①）

人只此人，不学圣，便作狂，中间难站脚。学须就学，昨既过，今又待，何日始回头？（吕豫石）

心须乐而行惟苦。学问中人，无不从苦处打出。（刘蕺山）

启超谨案：以上杂钞先哲言立志之说，略以年代为次。其言明尽，殆无俟解释矣。括其大要：

一曰必立志，然后能自拔于流俗。盖常抗心思为伟大人物，不屑屑与庸流伍。其所以自待者既高，则其所以自责者愈不容缓，而无一线可以自恕。日自鞭策，则驽骀十驾，亦必有至焉者矣。（王船山"俟解"有释《孟子》一段文曰："人之所以异于禽兽者，君子存之，则小人去之矣。不言小人而言庶民，害不在小人而在庶民也。小人之为禽兽，人人得而诛之；庶民之为禽兽，不但不可胜诛，且无能知其为恶者。不但不知其为恶，且乐得而称之，相与崇尚而不敢逾越。学者但取十姓百家之言行而勘之，其异于禽兽者，百不得一也。营营终日，生与死俱者何事？一人倡之，千百人和之，若将不及者何心？芳春昼永，燕飞莺语，见为佳丽。清秋之夕，猿啼蛩吟，见为孤清。乃其所以然者，求食、求匹偶、求安居，不则相斗已耳；不则畏死而震慑已耳。庶民之终日营营，有不如此者乎？二气五行，抟合灵妙，使我为人而异于彼，抑不绝吾有生之情而或同于彼，乃迷其所同而失其所异，负天地之至仁以自负其生，此君子所以忧勤惕厉而不容已也。庶民者，流俗也。流俗者，禽兽也。明偷、察物、居仁、由义，四者禽兽之所不得与。壁立万仞，止争一线，可弗惧哉！案：

---

① 吕豫石（1587—1641年）：即吕维祺，字介孺，号豫石，新安（今属河南）人。明代著名理学家，其著述丰厚，有《明德堂文集》《孝经本义》《孝经翼》《节孝义忠集》等传世。

船山先生此言，真乃一棒一条痕，一掴一掌血。曾文正①所谓不为圣贤便为禽兽，盖本此意。然则志之不可以不立也，如是夫。）

二曰必立志，然后他事不足以相夺。王塘南②所谓志有所专，则杂念自息。孔子尝言："好仁者，无以尚之。"试以爱国言：真爱国者，必无以尚之。此志向一定，无论外境界若何变异，而不足相易矣。

三曰必立志，然后进学无间断。人之大患，莫甚无恒。一念之明，浩然与圣贤同位，不移时而堕于流俗堕于禽兽。惟恃志以帅之，然后能贞之以常。程子谓不责气习，只须责志，诚一针见血之言也。志之所以能立，莫先于勇。先哲所言，大率誾誾③于此。惟陆子复言，必先有智识然后有志愿，此别是见到语。如吾辈前此曾无爱国之志，而一闻先觉之言，或一经游历他国，而此志乃勃然兴者，则知识为之导也。近今各国教育，必令学童先习《溥通学》，得有常识：然后使于专门学中自择一焉，亦为此也。然智识与志愿，递相为果，递相为因。无智识则志愿固无从立，无志愿则智识亦无从增。吕豫石所谓眼界不开，由骨力不坚；骨力不坚，所以眼界愈不开，此又与陆子所言相发明也。

以上僭案数语，不过取先哲语一紬④绎之，别无他发明。良以其言已尽，无所容赞也。

【案语】王船山（1619—1692年），即王夫之，明清之际思想家。字

---

① 曾文正：即曾国藩（1811—1872年）。清末洋务派和湘军首领。湖南湘乡白杨坪（今属双峰）人。有《曾文正公全集》。
② 王塘南（1522—1605年）：即王时槐，字子直（子植），号塘南。安福（今属江西）人，明代教育家。历官至陕西参政，时年五十，即告退讲学以终。著有《友庆堂合稿》《漳南稿》《广仁类编》《论学书》和《语录》等。
③ 誾（yín）誾：争辩貌。
④ 紬（chōu）：抽引，理出丝缕的头绪。

而农,号姜斋。衡阳(今属湖南)人。晚年居衡阳之石船山,学者称"船山先生"。学术成就很大,对天文、历法、数学、地理学都有所研究,尤精于经学、史学、文学。主要贡献是在哲学上总结和发展了中国传统的朴素唯物论和辩证法。认为"尽天地之间,无不是气,即无不是理也"(《读四书大全说》卷十);"气"是物质实体,而"理"则是客观规律。还用"诚""实""有"等概念论述世界的客观实在性,驳斥程朱关于"理气"的唯心主义观点。用"缊生化"的命题来说明"气"变化日新的辩证性质,看到自然界的一切事物都处于对立统一之中,承认"阴阳各成其象,则相为对;刚柔、寒温、生杀,必相反而相为仇";同时也认定"互以相成,无终相敌之理"。强调"天下惟器而已矣""无其器则无其道"。(《周易外传》卷五)从"道器"关系建立了他的历史进化论,反对保守退化思想。认为"习成而性与成",人性是随着环境习俗的变化而变化的,否定了"人性不变"的说法。在知行关系上,反对陆王"以知为行"和禅学家"知有是事便休"的论点,强调行是知的基础,"行可兼知,而知不可兼行"。政治上反对豪强大地主,维护封建中央集权,但主张限制君权。提倡"宽以养民""以夫计赋役,而不更求之地""轻自耕之赋,而佃耕者倍之"。在美学上主张"神会""心意为主""鉴古酌今",强调情景不可相离。善诗文,也工词曲。著作经后人编为《船山遗书》,其中在哲学上最重要的有《周易外传》《尚书引义》《读四书大全说》《张子正蒙注》《思问录内外篇》《黄书》《噩梦》等。

知本第三

陆子曰：学者大约有四样，一虽知学路而恣情纵欲不肯为，一畏其事大且难而不为者，一求而不得其路，一未知路而自谓能知。既辨术立志，则前二弊其庶免矣。然不得其路，或误认其路，终无以底①于成，则志焉而不至者岂少也。述知本第三。

切莫走闭眼路

学问不得其纲，则是二君一民。（陆象山）

大纲提掇来，细细理会去。（陆象山）

或有讥先生之教人，专欲管归一路者。先生曰：吾亦只有此一路。（陆象山）

凡人为学，终身只为这一事。自少至老，自朝至暮，不论有事无事，只是做得这一件。（王阳明）

为学须得个头脑，功夫方有着落。纵未能无间，如舟之有舵，一提便醒。不然，虽从事于学，只做个"义袭而取"，只是行不着，习不察，非大本达道也。（王阳明）

吾辈通患，正如池面浮萍，随开随蔽。未论江海，但在活水，浮萍即不能蔽。何者？活水有源。池水无源。有源者由己，无源者从物。（王阳明）

问："伊川存中应外、制外养中之学，以为内外交养，何如？"曰：

---

① 底：古同"抵"，达到。

"古人之学,一头一路,只从一处养。譬之种树,只养其根,根得其养,枝叶自然畅茂。种种培壅灌溉、条枝剔叶,删去繁冗,皆只是养根之法。若既养其根,又从枝叶养将来,便是二本支离之学。"(王龙溪《留都会记》)

立志既真,贵在发脚不差,发脚一差,终走罔路,徒自罢苦,终不能至。问:"安得不差?"先生震声曰:"切莫走闭眼路。"(徐鲁源①,先生即钱德洪)

启超谨案: 以上所钞,皆发明知本之不容已。夫学者无志于求己之学,不必论矣。间或有之,而学焉不得其门,则苦其难而终无所入,卒以废弃耳。自宋儒提倡斯道,一时号称光大。其间最有力者尤莫如朱子。朱子之言曰:《大学》始教,必使学者即凡天下之物,莫不因其已知之理面益穷之,以求至乎其极。至于用力之久,而一旦豁然贯通焉,则众物之表里精粗无不到,而吾心之全体大用无不明矣。其所论与英儒培根②之归纳论理学颇相似,以之为研究科学之一法门可也。虽然,科学之上,不可不更有身心之学以为之原。而朱子之所以教人者,则自以为身心之学而非科学也。更申言之,则属于德育之范围,而非属于智育之范围也。夫为学当日益,为道当日损,是则德育智育两者发脚点所攸判也。(为学即属智育范围,日益者以艺术增进为贵也。为道即属德育范围,日损者以结习销除为贵也。)今朱子以此教始学,其所谓一旦豁然者,虽未必无期,而所谓用力之久者,不知久至何时。人生百年,光阴能几?循此以行,则恐矻矻③数十寒暑,发白齿堕,奄

---

① 徐鲁源:字克贤,号鲁源,金华兰溪人。师从王阳明弟子钱德洪,然其为学不以良知,而以志学。

② 弗朗西斯·培根(Francis Bacon,1561—1626年),英国近代唯物主义哲学家。英国文艺复兴时期重要散文家、哲学家。主要著作有《新工具》《论科学的增进》以及《学术的伟大复兴》等。提出了知识就是力量的著名口号。

③ 矻(kū)矻:勤劳不懈貌。

然①澌灭②,而一无所自得者,比比然矣!且科学者无穷尽者也,故以奈端③之慧,其易箦④时,乃言学问如洋海,吾所得者仅海岸之小砂小石,而其余不得不以俟诸后贤。即后贤有十奈端焉,百奈端焉,千万奈端焉,亦不过由海岸进而至距海岸数十里数百里止矣。欲以一人之精力,而总有洋海全部之智识,此固必不可得之数。庄子所谓"吾生也有涯,而知也无涯。以有涯随无涯,殆矣!"若是乎。由朱子之道,而欲求所谓众物表里精粗无不到,吾心全体大用无不明者,其亦终不能至而已。朱子之大失,则误以智育之方法,为德育之方法,而不知两者之界说,适成反比例,而丝毫不容混也。

故陆子规之曰:"易简功夫终久大,支离事业竟浮沉。"朱陆异同,此为界线。虽然,朱子他日固自悔曰:"多识前言往行,固君子所急。近因反求未得个安稳处,却始知前,此未免支离。"(《与何叔京书》)又曰:"某近日亦觉向来说话有太支离处,反身以求,正坐自己用功亦未切耳。"(《与周叔谨书》)又曰:"年来觉得日前为学,不得要领,自身做主不起,反为文字夺却精神,不为小病。每一念之,惕然自惧,且为朋友忧之。若只如此支离,漫无统纪,展转迷惑,无出头处。"(《答吕子约书》)由此观之,则朱子晚年,确有见于前此受病处。而学道之不可以不知本,章章明甚矣。故今先汇述先哲之言,以见支离之必无功,而简易之万不容已。若夫孔子之所谓一贯者何物?孟子所谓先立其大者何物?程子所谓约者何物?所谓着力得力者当由何道?陆子所谓大纲所谓一路者何物?庄渠所谓主宰者何物?白沙所谓把柄者何物?王子所谓这一件者何事?所谓头脑者何物?所

---

① 奄然:指死亡。
② 澌灭:消亡、消失。
③ 奈端:即艾萨克·牛顿(Isaac Newton,1643—1727年)。英国物理学家、数学家与天文学家。著有《自然哲学的数学原理》等。
④ 易箦(zé):病重临死之意。

谓木之根水之源者何指？徐氏所谓发脚何以能不差？千言万语，只是一事。吾今请述吾所信仰者以饷同志。

【案语】南宋孝宗淳熙二年（1175年）4月朱熹、陆九渊、吕祖谦三家在信州（今属江西上饶）铅山鹅湖寺举行的一次就"为学之方"的论辩之会。淳熙二年初夏，吕祖谦访朱熹后归家，朱熹送至信州（今江西上饶）铅山鹅湖寺。吕祖谦即约请陆九渊及其五兄陆九龄前来相会。会上朱、陆二人就治学或道德修养方法进行了辩论。朱熹之意欲令人泛观博览而后归之约；陆九渊之意则欲先发明人之本心而后使之博览。会上，双方各执己见，互相攻击，没有达到"会归于一"的目标，只是使两派观点进一步明确化，而各自沿着自己的方向发展。这场争论主要集中在修养方法上"道学问"和"尊德性"之争。朱熹主张"格物穷理"，即通过读圣贤书，模仿圣人言行，不断沟通心理与物理，经日积月累的格物过程，达到"豁然贯通"、心物合一境界，而认识天理，还要不断涵养，才能达于圣贤。这就是"道学问"的路线。陆九渊主张本心即是天理，为学和修养首要在"自存本心"，也就是立本，根本确立，切己自反，不假外求，即可达于圣贤。主张用静坐冥思，闭门"剥落"的简易方法认识本心，修养德行，这就是"尊德性"的方法。陆九渊攻击朱熹的方法繁琐、支离，舍本求末，认为不从立本上下功夫，心地不纯正，读书穷理有害无益，如同"假寇兵、资盗粮"。如能知本，则"六经皆我注脚"，不读书照样可成圣贤。朱熹批评陆九渊为"顿悟之禅宗"，是不怕天地的"胡叫胡喊"，不肯切实作功夫。二陆以诗的形式表述自己的观点并攻击朱熹，陆九龄作诗曰："孩提知爱长知钦，古圣相传只此心。大抵有基方筑室，未闻无址忽成岑。留情传注翻蓁塞，着意精微转陆沉。珍重友朋相切琢，须知至乐在于今。"（《语录》上）陆九龄认为发明"本心"是根基，留情"传注"是棘途，与陆九渊观点相同，故朱熹说"子寿早已上了子静船了也"（同上），很感失望。但陆九渊认为此诗第二句"微有未安"。因为在他看来，"人皆有是心"，非只"古圣"为然，故又作诗补充道："墟墓兴哀宗庙钦，斯人千古不磨心。涓流积至沧溟沉，拳石崇成泰华岑。易简功夫终久大，支离事业竟浮沉。欲知自下升高处，真伪先须辩只今。"（《鹅湖和教授兄韵》）此首诗中的"浮沉""支离"均是陆九渊对朱熹的方法论繁琐破碎的讥讽，这使朱熹大为不悦，遂与二陆进行了诘辩，讥讽陆学"不信古今"是学术空疏、师心自用的表现。并作"旧学商量加邃密，新知培养转深沉"之诗加以反驳。强调学问要靠逐渐积累，逐步绵密深沉，应从泛观博览和对外物的考察来启发内心潜在的知识，反对九渊所提倡的易简功夫。这场论战一直持续了三天，非但没有统一学术观点，反而更明确了分歧之所在。与会的还有刘子澄、赵景明、朱亨道、潘叔昌等多人。吕祖谦基本上立于朱熹一方，然亦颇有调和之意。在理学发展史上，这是一次十分重要的相会。一方面，它使理学与心学的不同点更明确地展现出来；另一方面，它也促使思想家们更深层次地思考问题，探究真谛。对明清时期唯物主义哲学家批判"理学"和"心学"有一定启发作用。

启超又案：吾今语此，非欲为前此争朱学王学者增一重公案也。吾虽服膺王学，而于朱子万不敢菲薄。盖朱子所言，有益于学者修养之用者。滋多矣。未敢有门户之见存也。独至本章。以王子之言为主者，非徒素所师仰云尔。诚以吾侪生于今日，社会事物，日以复杂；各种科学，皆有为吾侪所万不可不从事者。然则此有限之日力，其能划取之以为学道之用者，校诸古人，抑已寡矣。今若不为简易直切之法门以导之，无论学者厌其难而不肯从事也。即勉而循焉，正恐其太废科学，而阔于世用，反为不学者所借口。故窃以为惟王学为今日学界独一无二之良药。本章之特提之，正以此也。

王学为今日独一无二之良药

　　大抵学问功夫，只要主意头脑得当。若主意头脑专以致良知为事，则凡多闻多见，莫非致良知之功。盖日用之间，见闻酬酢，虽千头万绪，莫非良知之发用流行也。除却见闻酬酢，亦无良知可致矣。（王阳明）

启超谨案：子王子提出致良知为唯一之头脑，是千古学脉，超凡入圣、不二法门。

　　一点良知，是尔自家的准则。尔意念着处，他是便知是，非便知非，更瞒他一些不得。尔只不要欺他，实实落落依着他做去，善便存，恶便去，何等稳当。此便是致知的实功。（王阳明）

启超谨案：此示致良知之功夫也。人谁不有良知？良知谁不自知？只要不欺良知一语，便终身受用不尽，何等简易直捷！

　　心之本体，无起无不起。虽妄念之发，而良知未尝不在，但人不知存，则有时而或放耳；虽昏塞之极，而良知未尝不明。但人不知察，则有时而或蔽耳。虽有时而或放，其体实未尝不在也，存之而已耳；虽有时而或蔽，其体实未尝不明也，察之而已耳。（王阳明）

启超谨案：此申言致良知功夫，绝无繁难。

我辈致知，只是各随分量所及，今日良知见在如此，则随今日所知扩充到底，明日良知又有开悟，便从明日所知扩充到底，如此方是精一功夫。（王阳明）

黄梨洲曰：此是先生渐教，顿不废渐。**启超谨案**：此是彻上彻下法门，虽大贤亦只是如此用功，虽不识一字亦只是如此用功，亦可谓顿之至矣。不然，我辈何有学圣之路？

凡人言语正到快意时，便截然能忍默得；意气正到发扬时，便翕然能收敛得；愤怒嗜欲正到腾沸时，便廓然能消化得：此非天下之大勇不能也。然见得良知亲切时，其功夫又自不难。（王阳明）

启超谨案：《朱子语类》云："今学者多来求病根，某向他说，头痛灸头，脚痛灸脚，病在这上，只治这上便了，更别讨甚病根？"（《潘时举记》）此朱子之大误处，所谓支离者此也。头痛灸头，脚痛灸脚，终日忙个不了，疲精敝神，治于此仍发于彼，奈何？万一头、脚、耳、目、手、心、腹、肾、肠同时皆痛，又将如何？天下良医，断无如此治病法。专治病根，方一了百了。王子所谓"见得良知亲切，功夫不难"者，只要抱定不欺良知为宗旨，而私欲之萌，遂若洪炉点雪也，何难之与有？

良知只是个是非之心，是非只是个好恶，只好恶就尽了是非，只是非就尽了万事万变。又曰："是非"两字是个大规矩，巧处则存乎其人。（王阳明）

启超谨案：此言良知之应用，其详见《应用第六》。

何为致良知之旨

区区所论"致知"二字,乃是孔门正法眼藏①。于此见得真的,直是建诸天地而不悖,质诸鬼神而无疑,百世以俟圣人而不惑。知此者方谓之知道,得此者方谓之有德。异此而学,即谓之异端;离此而说,即谓之邪说;迷此而行,即谓之冥行②。虽千魔万怪,眩瞀变幻于前,自当触之而碎,迎之而解。如太阳一出,而魑魅魍魉,自无所逃其形矣。(王阳明)

某近来却见得"良知"两字日益真切简易。朝夕与朋辈讲习,只是发挥此两字不出。缘此两字,人人所自有,故虽至愚下品,一提便省觉。若致其极,虽圣人天地不能无憾,故说此两字,穷劫不能尽。世儒尚有致疑于此,谓未足以尽道者,只是未尝实见得耳。(王阳明)

区区"格致诚正"之说,是就学者本心日用事为间,体究践履,实地用功,是多少次第、多少积累在,正与空虚顿悟之说相反。闻者本无求为圣人之志,又未尝讲究其详,遂以见疑,亦无足怪。(王阳明)

---

① "孔门正法眼藏"为明王守仁借禅宗之语,以比喻其致良知学说在其心学体系中的重要地位。圣门指被尊为圣人的孔子创立的儒家教门。正法眼藏亦称"法净法眼",本禅宗用语。眼指朗照一切事物,藏谓之包涵万德,正法具此眼藏,所以无上。禅宗用之"以心传心",泛指佛教之正法。王守仁于正德十六年(1521年)在南昌始皆"致良知"学说,标志其心学体系完成。在《寄正宪男手墨二卷》中说:"吾平生讲学,只是致良知三字。"又说:"近来信得致良知三字,真圣门正法眼藏。往日尚疑未尽,今日多事以来,只此良知,无不具足。"(《年谱》)

② 冥行:盲目行事。

启超谨案：此三条，皆赞致良知之宗旨圆满无遗憾，以坚学者之信，当时先生初倡此义，举天下群起而非难之，故不厌反复辨明也。

近时同志亦已无不知有致良知之说，然能于此实用功者绝少，皆缘见得良知未真，又将致字看太易了，是以多未有得力处。

读此则后此末流猖狂之失，先生固已知之。其言将致字看太易了，直是一针见血也。

致知之说，本于《大学》，"欲诚其意者先致其知"；良知之说，本于《孟子》，"人之所不学而知者其良知也。"子王子沟合此二语，以立一学鹄①。其致知而必加一"良"字者，所以指其本体。夫人心之灵，莫不有知，固也，但我辈受过去社会种种遗传性，及现在社会种种感化力，其知之昏谬，往往而有，然此不过其后起者耳。若返诸最初之一念，则真是真非，未有不能知者。即如我辈生于学绝道丧之今日，为结习熏染，可谓至极。然苟肯返诸最初之一念，则真是真非，卒亦未尝不有一隙之明，即此所谓良也。苟言致知而不指定此一隙，则或有就其后起昏谬者而扩充之，则谬以千里矣。此王子所以以《孟子》释《大学》也。言良知而必加一"致"字者，所以实其功夫。良知尽人所固有，固也，然天下无无代价之物。若曰：吾有是而既足矣，则盈天下皆现成的圣人，何必更讲学？此王子所以又以《大学》释《孟子》也。"致良知"三字，真是呕心呕血研究出来，增减不得。虽有博辩敏给目空一切之夫，律以此义，当下失其依据；虽有至顽下愚不识一字之人，授以此义，当下便有把柄。真所谓放之四海而皆准，俟诸百世而不惑者也。徐横山（名爱，字曰仁。最初从学先生者也）跋《传习录》云："爱因旧说汩没，始闻先生之教，实是骇愕不定，无入头处。其后闻之既久，渐知反身实践，然后始信先生之学为孔门嫡传，舍是皆傍

---

① 学鹄（gǔ）：目标、目的。指想要达到的境界或结果。

蹊①小径，断港绝河。"诚哉然矣！先生自叙得力云："守仁早岁业举，溺志词章之习，既乃稍知，从事正学，而苦于众说之纷扰疲薾②，茫无可入。因求诸老、释，欣然有会于心，以为圣人之学在此矣。然于孔子之教间相出入，而措之日用，往往缺漏无归，依违往返，且信且疑。其后谪居龙场，居夷处困，动心忍性之余，恍若有悟，体验探求，再更寒暑，证诸《五经》《四子》，沛然若决江河而放诸海也。"所谓恍若有悟者，即悟出"致良知"三字，为学之头脑也。其得之之难也若此，故其门人黄洛村（弘纲）亦云："先师之学，虽顿悟于居常之日，而历艰备险，动心忍性，积诸岁月，验诸事履，乃始脱然有悟于良知。虽至易至简，而心则独苦矣！何学者闻之之易而信之之难耶？盖言之有余慨焉。"我辈生后先生数百年，中间复经贱儒伪学，盗憎主人；摧锄道脉，不遗余力；微言大义，流风余韵，澌灭以尽；人欲横流，举国禽兽。而近者复有翻译泰西首尾不完字句不明之学说输入，学者益得假以自文，欲举我神明千圣之学，一旦而摧弃之，而更何有于先生？虽然，先生之精神，亿劫不灭；先生之教指，百世如新。中国竟亡则已，苟其不亡，则入虞渊而捧日以升者，其必在受先生之感化之人，无可疑也。呜呼！以其时考之则可矣，其亦有闻而兴者乎？非我辈之责而谁责也？

启超又案：致良知之旨，先生发之殆无余蕴。其门下之解释，亦有大相发明者。今诠于下方，以坚同志信仰之诚。

> 良知在人，本无污坏。虽昏蔽之极，苟能一念自反，即得本心。譬之日月之明，偶为云雾之翳，谓之晦耳，云雾一开，明体即见，原未尝有所伤也。此原是人人见在具足、不犯做手本领功夫，人之可以为尧舜、小人之可使为君子，舍此更无从入之路、可变之几。（王龙溪）

---

① 傍（bàng）蹊（qī）：偏仄的小路。用指学说的旁绪支流。
② 疲薾（ěr）：亦作"疲（pí）苶（nié）"。困怠。

当万欲腾沸之中，若肯返诸一念良知，其真是真非，炯然未尝不明，只此便是天命不容灭息所在，便是人心不容蔽昧所在。此是千古入贤入圣真正路头。（王龙溪）

夫良知不学而能，不虑而知，故虽小人闲居为不善无所不至者，其见君子而厌然，亦不可不谓之良知。虽常人恕己则昏者，其责人则明，亦不可不谓之良知。苟能不欺其知，去其不善者以归于善，勿以所恶于人者施之于人，则亦是致知诚意之功。即此一念，可以不异于圣人。（欧阳德[①]）

良知乃本心之真诚恻怛，人为私意所杂，不能念念皆此真诚恻怛，故须用致知之功。致知云者，去其私意之杂，使念念皆真诚恻怛，而无有亏欠耳。孟子言孩提知爱知敬，亦是指本心真诚恻怛、自然发见者，使人达此于天下念念真诚恻怛，即是念念致其良知矣。故某尝言一切应物处事，只要是良知。（欧阳德）

良知无方无体，变动不居，故有昨以为是而今觉其非，有己以为是而因人觉其为非，亦有自见未当，必考证讲求而后停妥。皆良知自然如此。故致知亦当如此。然一念良知，彻头彻尾，本无今昨、人己、内外之分也。（欧阳德）

知得良知是一个头脑，虽在千百人中，功夫只在一念微处，虽独居冥坐，功夫亦只在一念微处。（钱绪山）

启超谨案：以上数条，解释致良知之旨，最为确实。其余尚多，今不具引。

---

① 欧阳德（1496—1554年），字崇一，号南野，泰和（今江西省泰和县）人。明朝著名理学家，江右王门主要代表人物之一。以宿学居显位。有《欧阳南野集》三十卷，又有《南野文选》四卷，（均《四库总目》）并行于世。

说个"仁"字，沿习既久，一时未易觉悟；说个良知，一念自反，当下便有归着。（王龙溪）

阳明本旨，大抵以诚意为主意，以致良知为功夫之则。盖曰诚意无功夫，功夫只在致知。然则致知功夫，不是另一项，仍只就诚意中看出。如离却意根一步，亦更无致知可言。（刘蕺山）

启超谨案：此两条，言王子所以专标致良知之故。凡讲学标宗旨者，皆务约之使其在我而已。其实学问只有一件事，或标彼两三字，或标此两三字，原只是这一件而已，王子又尝语学者云，说集义则一时未见头脑，说致良知，当下便有用功实地，即是此意。

启超又案：致良知之教，本已盛水不漏，而学者受之，亦往往学焉而得其性之所近。故王子既没，而门下支派生焉。纷纷论辩，几成聚讼①。语其大别，不出两派：一曰趋重本体者（即注重"良"字），王龙溪王心斋②一派是也。一曰趋重功夫者（即注重"致"字），聂双江罗念庵一派是也。要之皆王子之教也。吾辈后学，苟所志既真，则亦因其性之所近，无论从何门入，而皆可以至道。（若启超则服膺双江念庵派者，然不敢以强人。人各有机缘，或以龙溪心斋派而得度，亦一而已矣。本书中

---

① 聚讼：众说纷纭，久无定论。
② 王心斋（1483—1541年）：即王艮，明哲学家。泰州学派的创立者。初名银，王守仁为其更名，字汝止，号心斋。泰州安丰场（今属江苏东台）人。出身盐丁，后拜王守仁为师，但又"时时不满师说"。以讲学终生。提出"百姓日用即道"的命题，主张从日常生活中贯彻封建伦理道德。认为"格物之物，即物有本末之物"，格如格式之格，即絜矩。著作有《王心斋先生遗集》。

间有左右袒①之言，究非敢有所轩轾②于昔贤也。）故今择录两派之要语，使学者自择之。其辨难之说，徒乱人意，则不如其已也。

---

① 左右袒（tǎn）：原意是露出左臂或右臂，以示偏护某一方。语本《史记·孝文本纪》。后称偏助一方为"左袒"，两无所助曰"不为左袒"。
② 轩（xuān）轾（zhì）：车前高后低叫轩，前低后高叫轾。引申为高低、轻重、优劣。

一信良知之教，便得入圣之路

涓流积至沧溟水，拳石崇成泰华岑。先师谓象山之学，得力全在积累。须知涓流即是沧海，拳石即是泰山。此是最上一机，不由积累而成者也。（王龙溪）

启超谨案：此即顿教，佛门所谓放下屠刀立地成佛者也。虽有至愚顽之人，一信良知之教，便得入圣之路。有寻常儒者苦心苦行十年无所入，而彼以言下得之者矣，故曰不由积累而成也。爱父母妻子之良知，即爱国之良知，即爱众生之良知。故曰涓流即沧海，拳石即泰山也。

良知广大高明，原无妄念可去。才有妄念可去，已自失却广大高明之体矣。今只提醒本体，群妄自消。（钱绪山）

启超谨案：提醒本体，群妄自消，此所以异于头痛灸头、脚痛灸脚也，所谓愈简易愈真切也。

涵养功夫，如鸡抱卵，然必卵中原有一点真阳种子，方抱得成。若是无阳之卵，抱之虽勤，终成㱆卵①。学者须识得真阳种子，方不枉费功夫。吾人心中一点灵明，便是真阳种子，原是生生不息之机。种了全在卵上，全体精神，只是保护得，非能以其精神帮助之也。（王龙溪）

---

① 㱆（duàn）：蛋内坏散，孵不成小鸟。

启超谨案：一点灵明，即知之良者也。

圣贤之学，惟自信得及，是是非非不从外来，故自信而是断然必行。虽遁世不见而无闷，自信而非，断然必不行。虽行一不义杀一不辜，而得天下不为。如此方是毋自欺，何等简易直截。（王龙溪）

启超谨案：此是学王学者最受用处。真有得于王学者，其自信力必甚大且坚。

明目张胆而行天下之大道

人心本自乐，自将私欲缚。私欲一萌时，良知还自觉。一觉便消除，人心依旧乐。乐是乐此学，学是学此乐。不乐不是学，不学不是乐。（王艮）

启超谨案： 黄梨洲著《明儒学案》，以心斋一派别为《泰州学案》，若外之于姚江者然，心斋实王门龙象①也。其学以乐为本体，《论语》所谓好之不如乐之，《孟子》所谓自得之则左右逢源。故气象之光明俊伟，王门罕其伦匹。

性之灵明曰良知。良知自能应感，自能约心思而酬酢万变。知之为知之，不知为不知，一毫不劳勉强扭捏，而用知者多事也。（王东崖襞②）

启超谨案： 东崖，心斋之子也。其专挈本体，纯任自然，自是心斋衣钵。

若果然有大襟期，有大气力，有大识见，就此安心乐意而居天下

---

① 龙象：龙与象。佛教用语。比喻佛门威力与自在。一说，龙象为大力之象。比拟具有勇力、猛于修行的人。
② 王襞（1511—1587年）：字宗顺，号东崖。明泰州安丰场（今属江苏东台）人。九岁随父王艮谒王守仁，从学十余年。后师事王畿、钱德洪，随父开讲淮南。父死，继父讲席，往来各地。都御史凌儒荐于朝，辞不赴。有《王东崖先生遗集》。

之广居，明目张胆而行天下之大道，功夫难到凑泊，即以不屑凑泊^①为功夫，胸次茫无畔岸，便以不依畔岸为胸次。解缆放船，顺风张棹，则巨浸汪洋纵横任我，岂不一大快事也哉！（罗近溪^②）

启超谨案：以上，王门下提挈本体说之一斑也。昔禅宗五祖将传衣钵，令及门自言得力。首座神秀说偈曰：心似菩提树，意如明镜台。时时勤拂拭，勿使惹尘埃。五祖未契，六祖乃说偈云：菩提本无树，明镜亦非台。本来无一物，何处惹尘埃。遂受衣钵。今略比附之，则双江念庵一派，时时勤拂拭之说也；龙溪心斋一派，本来无一物之说也。如近溪所谓以不屑凑泊为功夫，以不依畔岸为胸次，是可谓禅宗之尽头语矣。上等根器人，得此把柄入手，真能无罣碍无恐怖，任天下之大，若行所无事。吾师南海康先生最崇拜心斋近溪者以此。虽然非诚自得于己，或窃其口头语作光景玩弄，亦最易导人入伪。故刘蕺山以王门有龙溪为斯文之厄，黄梨洲亦谓王学有龙溪泰州而失其真也。然《龙溪集》又云：此件事不是说了便休，须时时有用力处，时时有过可改，消除习气，抵于光明，方是缉熙之学。然则龙溪亦曷尝^③薄拂拭之功乎？

---

① 凑泊：亦作"凑拍"。凝合、聚合。
② 罗近溪（1515—1588年）：即罗汝芳，明学者。泰州学派代表人物之一。字惟德，号近溪，南城（今属江西）人。嘉靖进士。在"致良知"上，主张"以赤子良心，不学不虑为的，以天地万物同体，彻形骸忘物我为大"。著作有《近溪子文集》。
③ 曷（hé）尝：何尝。

知行合一以补致良知

若信得良知过时，意即良知之流行，见即是良知之照察云云，夫利欲之盘固，遏之犹恐弗止，而欲从其知之所发，以为心体；以血气之浮扬，敛之犹恐弗定，而欲任其意之所行，以为功夫。畏难苟安者，取便于易从；见小欲速者，坚主于自信。夫注念反观，孰无少觉？因言发虑，理亦昭然。不息之真既未尽亡，先入之言又有可据，日滋日甚，日移日远，将无有以存心为拘迫，以改过为粘缀，以取善为比拟，以尽伦为矫饰者乎？而其灭裂恣肆者，又从而诐张簧鼓之，使天下之人遂至于荡然而无归，则其陷溺之浅深，吾不知于俗学何如也！（罗念庵）

启超谨案：学圣之道，"致良知"三字，具足无遗矣。然子王子以其辞旨太简单，恐学者或生误会，故又提知行合一之旨以补之。惟知行合一，故仅"致良知"三字，即当下具足也。今述知行合一之说。

凡谓之行者，只是着实去做这件事。若着实做学问思辨功夫，则学问思辨亦便是行矣。学是学做这件事，问是问做这件事，思辨是思辨做这件事，则行亦便是学问思辨矣。若谓学问思辨之然后去行，却如何悬空先去学问思辨得？行时又如何去得个学问思辨的事？行之明觉精察处便是知，知之真切笃实处便是行。若行而不能明觉精察，便是冥行，便是学而不思则罔，所以必须设个知。知而不能真切笃实，便是妄想，便是思而不学则殆，所以必须说个行。原来只是一个功夫。凡古人说知行，皆是就一个功夫上，补偏救弊说，不似今人截然分作两

件事做。某今说知行合一，虽亦是就今时补偏救弊①说，然知行体段，亦本来如是。（王阳明）

明道云："只穷理，便尽性至命。"故必仁极仁而后谓之能穷仁之理，义极义而后谓之能穷义之理。仁极仁则尽仁之性矣，义极义则尽义之性矣。学至于穷理至矣，而尚未措之于行，天下宁有是邪？是故知不行之不可以为学，则知不行之不可以为穷理矣；知不行之不可以为穷理，则知知行之合一并进，而不可以分为两节事矣。夫万事万物之理，不外于吾心，而必曰穷天下之理，是殆以吾心之良知为未足，而必外求天下之广，以裨补增益之，是犹析心与理而为二也。夫学问思辨笃行之功，虽其困勉至于人一己百，而扩充之极，至于尽性知天，亦不过致吾心之良知而已。良知之外，岂复有加于毫末乎？今必曰穷天下之理，而不知反求诸其心，则凡所谓善恶之机真妄之辨者，舍吾心之良知，亦将何所致其体察乎？（王阳明）

夫良知之于节目时变，犹规矩尺度之于方圆长短也。节目时变之不可预定，犹方圆长短之不可胜穷也。故规矩诚立，则不可欺以方圆，而天下之方圆不可胜用矣。尺度诚陈，则不可欺以长短，而天下之长短不可胜用矣。良知诚致，则不可欺以节目时变，而天下之节目时变不可胜应矣。毫厘千里之谬，不于吾心良知一念之微而察之，亦将何所用其学乎？是不以规矩而欲定天下之方圆，不以尺度而欲尽天下之长短，吾见其乖张谬戾，日劳而无成也已。吾子谓语孝于温凊定省，孰不知之？然而能致其知者鲜矣。若谓粗知温凊定省之仪节，而遂谓之能致其知，则凡知君之当仁者，皆可谓之能致其仁之知；知臣之当忠者，皆可谓之能致其忠之知，则天下孰非致知者邪？以是而言，可以

---

① 补偏救弊：补正偏差，挽救弊病。

知致知之必在于行，而不行之不可以为致知也，明矣。知行合一之体，不益较然矣乎？夫舜之不告而娶，岂舜之前，已有不告而娶者为之准则，故舜得以考之何典，问诸何人，而为此邪？抑亦求诸其心一念之良知，权轻重之宜，不得已而为此邪？武之不葬而兴师，岂武之前，已有不葬而兴师者为之准则，故武得以考之何典，问诸何人，而为此邪？抑示求诸其心一念之良知，权轻重之宜，不得已而为此邪？使舜之心而非诚于为无后，武之心而非诚于为救民，则其不告而娶与不葬而兴师，乃不忠不孝之大者。而后之人不务致其良知，以精察义理于此心感应酬酢之间，顾欲悬空讨论此等变常之事，执之以为制事之本，以求临事之无失，其亦远矣。（王阳明）

启超谨案：以上三条，皆阐明知行合一之真理，可谓博深切明。其第三条上半截，言良知之应用处，尤当体认。前所谓"是非"两字是个大规矩，巧处则存乎其人，即此之谓也。与朱子即物而穷其理之说，自有守本逐末之分。

爱问："今人尽有知父当孝兄当弟者，却不能孝不能悌，知行分明是两件。"曰："此已被私欲间断，不是知行本体。未有知而不行者，知而不行，只是未知，圣贤教人知行，正是要复那本体。故《大学》指个真知行与人看，说如好好色，如恶恶臭。见好色属知，好好色属行；只见好色时已自好了，不是见后又立个心去好。闻恶臭属知，恶恶臭属行；只闻恶臭时已自恶了，不是闻后别立个心去恶。"爱曰："古人分知行为两，亦是要人见得分晓。一行功夫做知，一行功夫做行，则功夫始有下落。"曰："此却失了古人宗旨。某尝说知是行的主意，行是知的功夫，知是行之始，行是知之成。若令得时，只说一个知，已自有行在；只说一个行，已自有知在。古人所以既说知又说行者，只为世间有一种人，懵懵懂懂，任意去做，全不解思维省察，只是个冥行妄作，所以必说个知，方才行得是。又有一种人，茫茫荡荡，悬空去思索，全不肯着实躬行，只是个揣摩影响，所以必说一个行，方才知得真。此是古人不得已补偏救弊的说话。今若知得宗旨，即说两个亦不妨。亦只是一个；若不会宗旨，便说一个亦济得甚事，只是闲说话。（王阳明）

启超谨案：知而不行，只是未知两语，是先生所以说知行合一之宗旨也。故凡言致良知，即所以策人于行也。然则专提挈本体者，未免先生所谓闲说话矣。

问知行合一，曰此须识我立言宗旨。今人学问，只因知行分作两件，故有一念发动，虽是不善，然却未曾行，便不去禁止。我今说个知行合一，正要人晓得一念发动处，便即是行了。发动处有不善，就将这不善的念克倒了，须要彻根彻底，不使那一念不善，潜伏在胸中，此是我立言宗旨。（王阳明）

黄梨洲曰："如此说知行合一，真是丝丝见血。先生之学，真切乃尔，后人何曾会得？" **启超谨案**：先生他日尝言曰："然则凡知君之当仁者，皆可谓能致其仁之知；知臣之当忠者，皆可谓能致其忠之知，则天下孰非致知者耶？"彼文语意，谓善而不行，不足以为善也；此文语意，则恶而不行，已足以为恶。谓一念发动处，便即是行了，然则吾今者一念发动爱国，遂谓吾已行爱国可乎？似与前说矛盾。不知良知者，非徒知善知恶云尔，知善之当为，知恶之当去也。知善当为而不为，即是欺良知；知恶当去而不去，即是欺良知。故仅善念发，未足称为善。何以故？以知行合一故。仅恶念发，已足称为恶。何以故？以知行合一故。知恶便当实行去恶，方是知行合一，方算不自欺。

问知行合一，曰天下只有个知：不行不足谓之知，知行有本体有功夫，如眼见得是知。然已是见了即是行，耳闻得是知；然已是闻了即是行，要之只此一个知，已自尽了。孟子说孩提之童无不知爱其亲，及其长无不知敬其兄，止曰"知"而已。知便能了，更不消说能爱、能敬。本体原是合一，先师因后儒分为两事，不得已说个合一。知非见解之谓，行非履蹈之谓，只从一念上取证，知之真切笃实即是行，行之明觉精察即是知。"知行"两字，皆指功夫而言，亦原是合一的，非故为立说，以强人之信也。（王龙溪）

【案语】王守仁心学理论中的一个重要命题是"一念发动处，即便是行了"（《传习录》下）。他针对朱熹有分知行为二之嫌提出"知行合一"说，指出："今人学问，只因知行分作两件，故有一念发动，虽是不善，然却未曾行，便不去禁止。我今说个知行合一，正要人晓得一念发动处，便即是行了。"（同上）又从本体功夫为一论证知行不可分割，"知之真切笃实处便是行，行之明觉精察处便是知"（《传习录》中）。行，一般指躬行。履践、行为。念即想法、意念。一念发动，实为一个想法产生一个动机起始。说一念发动便是行，即只要动一念、起一意都被看成是行为，动机即行为。

启超谨案：龙溪此言引申阳明知行合一之旨，最是明晰。后儒解释甚多，都不外此。今不具引。

启超又案：泰西古代之梭格拉第①，近世之康德②、比圭黎（或译作黑智儿）③，皆以知行合一为教，与阳明桴鼓相应④，若合符契⑤。陆子所谓东海西海有圣人出焉，此心同也，此理同也，岂不然哉？此义真是单刀直入，一棒一条痕，一掴一掌血，使伪善者无一缝可以躲闪。夫曰天下只有一个知，不行不足谓之知，不行既不足谓之知，则虽谓天下只有一个行可也，此合一之旨也。试以当今通行语解之，今与人言爱国也，言合群也，彼则曰吾既已知之矣，非惟知之，而且彼亦与人言之，若不胜其激昂慷慨也。而激昂慷慨之外，则无余事矣。一若以为吾有此一知，而吾之责任皆已尽矣，是何异曰：识得孝字之点画，则已为孝子；识得忠字之点画，则已为忠臣也。就阳明先生观之，则亦其人未尝有知而已。然使其果纯为未尝有知也，则犹有冀焉。冀其一知而即行也。若知而不行，则无冀焉矣。抑天下只有知而不行之人，断无纯然未尝有知之人。何以故？知无不良故。虽极不孝之子，其良知未尝不知孝之可贵；虽极不忠之臣，其良知未尝不知忠之可贵。而今世之坐视国难，败坏公德者，其

---

① 即苏格拉底（前469—前399年）：古希腊哲学家。在欧洲哲学史上最早提出唯心主义的目的论。重视伦理学，提出"美德即知识"的命题。本人并无著作传世，其言行大抵见于其弟子柏拉图的一些对话体著作和色诺芬的《苏格拉底言行回忆录》中。

② 康德（1724—1804年）：德国哲学家，德国古典唯心主义的创始人。提出审美的主观性及没有目的的目的性与自然界的内在目的性与外在目的性，最后以有文化有道德的人为其体系的终结。主要著作有《纯粹理性批判》《实践理性批判》《判断力批判》《未来形而上学导言》《道德形而上学基础》等。

③ 比圭黎：今译"贝克莱"，黑智儿，今译"黑格尔"。此二者非一人，此处为梁启超误记。

④ 桴（fú）鼓相应：以鼓槌击鼓，鼓即发声。比喻相互应和，配合紧密。

⑤ 若合符契（qì）：比喻两者完全吻合。符契即符节，古代一种符信。上刻文字，分为两半，使用时以两半相合为验。

良知未尝不知爱国合群①之可贵。知其可贵而犹尔尔者，则亦不肯从事于致之之功而已。有良知而不肯从事于致之之功，是欺其良知也。质而言之，则伪而已矣！人而至于伪，乃小人而无忌惮也。阳明先生必提挈知行合一，以为致良知之注脚，为此也夫！为此也夫！

启超又案：既明知行合一之义，即非徒识良知之原理，且能知良知之应用。而所谓致良知之学，非徒独善其身，迂阔而不足以救世变者，甚明矣。今更举子王子之语以证之。

---

① 合群：和合群众；团结群众。

致良知之学，非独善其身之学

　　爱曰："如事父一事，其间温清定省之类，有许多节目，亦须讲求否？"曰："如何不讲求？只是有个头脑，只就此心去人欲存天理上讲求。如讲求冬温，也只是要尽此心之孝，恐怕有一毫人欲间杂；讲求夏清，也只要尽此心之孝，恐怕有一毫人欲间杂。此心若无人欲，纯是天理，是个诚于孝亲之心，冬时自然思量父母寒，自去求温的道理；夏时自然思量父母热，自去求清的道理。"（王阳明）

启超谨案：此言为道与为学，两不相妨也。为道日损，故此心不许有一毫人欲间杂；为学日益，故讲求许多条理节目。然既有日损之道，则日益之学，乃正所以为此道之应用也。且既有日损之道，自不得不生出日益之学以为之应用也。如诚有爱国之心，自能思量某种某种科学，是国家不可缺的，自不得不去研究之。又能思量某种某种事项，是国家必当行的，自不得不去调查之。研究也调查之也，皆从爱国心之一源所流出也。故曰：如何不讲求也？但吾之所以研究此调查此，必须全出于爱国之一目的，不可别有所为而为之。苟别有所为而为之，则是人欲间杂也。故曰：须有个头脑也。由是言之，讲王学与谈时务，果相妨乎？

　　只要良知真切，虽做举业，亦不为心累。（中略）任他读书，只是调摄此心而已，何累之有？（王阳明）

启超谨案：程子言举业不患妨功，惟患夺志。王子此言，正本于彼。夫学至举业，可谓污贱矣。然苟良知真切，犹不为心累。然则日日入学校习科学，更何能累之有？故世有以讲道学为妨科学，而因以废道学者，可以前条正之。又或以讲科学为妨道学，而因以废科学者，可以本条正之。但惟患夺志一语，最当注意。刻刻在学校习科学，刻刻提醒良知，一丝不放过，此学之要也。

良知明白，随你去静处体悟也好，随你去事上磨炼也好。（王阳明）

须在事上磨炼功夫得力。若只好静，遇事便乱。那静时功夫亦差，似收敛而实放溺也。（王阳明）

启超谨案：事上磨炼功夫，亦是王子立教一要点，益可见致良知非以独善其身也。

今日求精神教育，舍王学更有何物？

道固自在，学亦自在。天下信之不为多，一人信之不为少者，斯固君子"不见是而无闷"之心，岂世之谫谫屑屑①者知足以及之乎？乃仆之情，则有大不得已者存乎其间，而非以计人之信与不信也。夫人者，天地之心，天地万物，本吾一体者也。生民之困苦荼毒，孰非疾痛之切于吾身者乎？不知吾身之疾痛，无是非之心者也。是非之心，不虑而知，不学而能，所谓"良知"也。良知之在人心，无间于圣愚，天下古今之所同也。世之君子，唯务致其良知，则自能公是非，同好恶，视人犹己，视国犹家，而以天地万物为一体，求天下无治不可得矣。古之人所以能见善不啻若己出，见恶不啻②若己入，视民之饥溺，犹己之饥溺，而一夫不获，若己推而纳诸沟中者，非故为是而以蕲③天下之信己也，务致其良知求自慊④而已矣。（中略）后世良知之学不明，天下之人用其私智以相比轧，是以人各有心，而偏琐僻陋之见，狡伪阴邪之术，至于不可胜说。外假仁义之名，而内以行其自私自利之实，诡辞以阿俗，矫行以干誉。损人之善而袭以为己长，讦人之私而窃以为己直。忿以相胜，而犹谓之徇义，险以相倾，而犹谓之疾恶。妒贤嫉能，而犹自以为公是非，恣情纵欲，而犹自以为同好恶。相陵相

---

① 谫（jiǎn）谫屑屑：浅薄猥琐。
② 不啻（chì）：无异于、如同。
③ 蕲（qí）：祈求。
④ 自慊（qiè）：自足、自快。

贼，自其一家骨肉之亲，已不能无尔我胜负之意，彼此藩篱之形，而况于天下之大，民物之众，又何能一体而视之？则无怪于纷纷藉藉而祸乱相寻于无穷矣。仆诚赖天之灵，偶有见于良知之学，以为必由此而后天下可得而治。是以每念斯民之陷溺，则为之戚然痛心，忘其身之不肖，而思以此救之，亦不自知其量者。天下之人见其若是，遂相与非笑而诋斥之，以为是病狂丧心之人耳。呜呼！是奚足恤哉！吾方疾痛之切体，而暇计人之非笑呼？人固有见其父子兄弟之坠溺于深渊者，呼号匍匐，裸跣颠顿①，扳悬崖壁而下拯之。士之见者，方相与揖让谈笑于其傍，以为是弃其礼貌衣冠而呼号颠顿若此，是病狂丧心者也。故夫揖让谈笑于溺人之旁而不知救，此唯行路之人，无亲戚骨肉之情者能之。然已谓之无恻隐之心，非人矣。若夫在父子兄弟之爱者，则固未有不痛心疾首，狂奔尽气，匍匐而拯之，彼将陷溺于祸而不顾，而况于病狂丧心之讥乎？而又况于蕲人信与不信乎？呜呼！今之人虽谓仆为病狂丧心之人，亦无不可矣。天下之人，皆吾心也。天下之人犹有病狂者矣，吾安得而非病狂乎？犹有丧心者矣，吾安得而非丧心乎？昔者孔子之在当时，有议其为谄者，有讥其为佞者，（中略）则当时之不信夫子者，岂特十之二三而已乎？然而夫子汲汲遑遑若求亡子于道路，而不暇于暖席者，宁以蕲人之知我、信我而已哉？盖其天地万物一体之仁，疾痛迫切，虽欲已之而自有所不容已。（中略）若其"遁世无闷""乐天知命"者，则固"无入而自得""道并行而不相悖"也。仆之不肖，何敢以夫子之道为己任？顾其心亦已稍知疾痛之在身，是以彷徨四顾，将求其有助于我者，相与讲去其病耳。今诚得豪杰同志之士，扶持匡翼，共明良知之学于天下，使天下之人，皆

---

① 裸跣（xiǎn）：露体赤脚。颠顿：上下起伏、颠簸。

知自致其良知，以相安相养，去共自私自利之蔽，一洗逸妒胜忿之习，以济于大同。则仆之狂病固将脱然以愈，而终免于丧心之患矣。（王阳明）

启超谨案： 此阳明先生与聂双江（双江，王门龙象，与钱绪山、王龙溪、王心斋、邹东廓齐名）。字字是血，语语是泪。读之而不愤不悱者，非人矣。观此则知王学绝非独善其身之学，而救时良药未有切于是者。阳明先生之心，犹孔子释迦基督之心也。其言犹孔子释迦基督之言也。以为非以此易天下之人心，则天下终不得而理也。其一片恳切诚意，溢于言表，不啻提我辈之耳，而命之也。我辈虽听之藐藐，或腹诽而面诋之，先生惟有哀矜而无愤怒也。虽然我辈不幸而不闻先生之言，则亦已耳。既已闻之，而犹不肯志先生之所志，学先生之所学，是自暴自弃也。自暴者，不可与有言也；自弃者，不可与有为也。今试问举国之人，苟皆如先生所谓用其私智以相比轧，假名以行其自私自利之习，乃至于其所最亲近而相凌相贼者。苟长若是，而吾国之前途，尚可问乎？夫年来诸所谓爱国合群之口头禅，人人能道，而于国事丝毫无补者，正坐是耳。《记》曰："不诚无物。"又曰："至诚而不动者未之有也。"不诚未有能动者也。然则今日有志之士，惟有奉阳明先生为严师，刻刻以不欺良知一语，自勘其心髓之微。不宁惟是，且日以之责善于友朋，相与讲明此学以易天下，持此为矩，然后一切节目时变出焉。此矩不逾，则其所以救国者，无论宗旨如何，手段如何，皆百虑而一致，殊途而同归也。而不然者，则既不诚无物，一切宗旨手段，皆安所丽？所谓闲说话而已。欧美诸国，皆以景教①为维系人心之的。日本则佛教最有力焉，而其维新以前所公认为造时势之豪杰，若中江藤树②，若

---

① 景教：即基督教。
② 中江藤树（1608—1648年），日本江户时代初期思想家，日本阳明学的首创者。名原，字惟命。早年习朱子学。倡良知说。著作有《翁问答》《大学解》等。

熊泽蕃山①，若大盐后素②，若吉田松阴③，若西乡南洲④，皆以王学式后辈。至今彼军人社会中，犹以王学为一种之信仰。夫日本军人之价值，既已为世界所共推矣。而岂知其一点之精神教育，实我子王子赐之也。我辈今日求精神教育，舍此更有何物？抛却自家无尽藏，沿门托钵效贫儿，哀哉！

启超又案：子王子欲以致良知之义易天下之人心，似此究属可能之事耶？抑不可能之事耶？此实一疑问也。难者曰：世界之所以进化，皆由人类之争自存。质而言之，则自私自利者，实人类所以自存之一要素也。今如子王子言，欲使天下之人皆自致其良知，去其自私自利，以跻于大同。其意固甚美，然我如是而人未必如是，我退而人进，恐其遂为人弱也。是所谓消极的道德，而非积极的道德也。应之曰：不然，无论功利主义，不足为道德之极则也。即以功利主义论，而其所谓利者，必利于大我而后为真利。苟知有小我而不知有大我，则所谓利者，非利而恒为害也。而此大我之范围，有广狭焉。以一家对一身，则一家为大我；以一地方对一家，则一地方为大我；以一民族一国家地方，则民族国家为大我。如是者，其级累说不能尽，而此牺牲小我以顾全大我之一念，即所以去其自私自利之

---

① 熊泽蕃山（1619—1691年）：日本江户时代前期阳明学派最主要的代表人物。原名伯继。生于京都。参与藩政改革。著有《女子训》《女子训或问》《集义和书》《集义外书》《大学或问》。

② 大盐后素（1793—1837年）：即大盐平八郎，名后素，字子起，通称平八郎，江户时代后期阳明学派儒者。被推崇为"民权的开宗"。

③ 吉田松阴（1830—1859年）：日本德川幕府（又称江户幕府）末期政治家、教育家、改革家。明治维新的精神领袖及理论奠基者。著作有《讲孟余话》《幽囚录》《留魂录》。

④ 西乡南洲（1828—1877年）：即西乡隆盛，日本明治维新功臣。号南洲。萨摩藩士出身。明治维新时倒幕派中心人物之一。

蔽，而跻于大同之券也。质而言之，则曰公利而已，曰公德而已。子王子所欲以易天下者，即是物也。而天演①界争自存之理，亦岂能外是也？难者又曰：以子王子之魄力，终身提倡此义，而当时之人心，不闻其缘此而遽易。此可见其道至逆，而非可以达于天下也。应之曰：此其事之难，不俟论也。然乌可以难焉而已也？自古一代之学风，恒不过有力者数人倡之焉尔。而影响所及，其泽不斩者或数十年百年。曾文正之论人才，言之既博深切明矣。（见《曾文正文集》）亦安见其不能易也？《诗》曰："鼓钟于宫，声闻于外。"亦在有志者之自振而已。

启超谨案：阳明先生提"致良知"三字为学鹄，本是彻上彻下功夫，当下具足，毫无流弊。惟先生没后，门下提挈本体，未免偏重。末学承流，展转失真。甚或贪易畏难，高语证悟。而关于修持，则又仅言良知。而"致"之一字，几成赘疣者。先生尝言依着良知做去，彼辈则依着良知而不做者也。是又先生所谓不行不得谓之知而已。故逮乎晚明，刘蕺山专标慎独以救王学末流，其功洵不在阳明下，然倡慎独非自蕺山始。今更述诸哲之学说以演此义，其亦本之本、原之原也欤。

---

① 天演：谓自然进化。

王学慎独之教

慎独即是致良知言。（王阳明）

诚惟惺惺①字为切。凡人所为不善，本体之灵，自然能觉。觉而少有容留，便属自欺。欺则不惺惺矣。（季彭山②）

圣人之学，只是谨独。独处人所不见闻，最为隐微，而己之见显，莫过于此。故独为独知，盖我所得于天之明命，我自知之，而非他人所能与者也。若闲思妄想，徇欲任情，此却是外物蔽吾心之明。不知所谨，不可以言见显矣。少有觉焉，而复容留将就，即为自欺。乃于人所见闻处，掩不善而着其善，虽点检于言行之间，一一合度，不遏有愆，亦属作伪，皆为自蔽其知也。（季彭山）

启超谨案：此总是发明不欺良知一语，必不欺乃为致。抱此一语，终身受用不尽。

小人一节，或云自欺之蔽。不然，此正见他不受欺。人欺蔽他不得，所以可畏，不容不慎。盖此中全是天命至精，人为一毫污染不上。纵如何欺蔽，必要出头，缘他从天得来，纯清绝点，万古独真，谁欺得他？如别教有云，丈夫食少金刚，终竟不消，要穿出身外。何以故？金刚不与身中杂秽同止故，所以小人见君子，便厌然欲掩其不善，便肺

---

① 惺惺：机警、警觉。
② 季彭山（1485—1563年）：即季本，字明德，号彭山，会稽（今浙江绍兴）人。从王守仁学。著有《易学四同》《诗说解颐》等作品。诗存《康熙会稽县志》。

肝如见。此厌此见，岂小人所欲？正是他实有此件在中，务穿过诸不善欺瞒处，由不得小人，必要形将出来，决不肯与不善共住，故谓之诚。诚则必形，所以至严可畏，意从此动，方谓之诚意，故君子必慎其独。若是由人欺蔽得，何严之有？（万思默①）

启超谨案：此语勘得最透。小人厌然掩其不善者，正以自知之而自耻之也。盖有是非之心，所以有羞恶之心也，故曰知无不良也。致与不致，则只可责志耳。

除知无独，除自知无慎独。（邹南皋②）

离独一步，便是人伪。（刘蕺山）

人心如谷种，满腔都是生意。嗜欲锢之而滞矣，然而生意未尝不在也，疏之而已耳。又如明镜，全体浑是光明。习染熏之而暗矣，然而明体未尝不存也，拂拭而已耳。惟有内起之贼，从意根受者，不易除。更加气与之拘，物与之蔽，则表里夹攻，更无生意可留，明体可觌③矣。君子惓惓④于谨独也，以此。（刘蕺山）

问：有言圣贤道理圆通，门门可入，不必限定一路。先生曰：毕竟只有"慎独"二字足以蔽之，别无门路多端，可放步也。（先生即刘蕺山）

---

① 万思默：即万廷言。明学官、经师。字以忠，号思默。江西南昌人。受业于王守仁，又师事罗洪先。膺服心学，尤精于《易》。认为"心者，人之神明，所以为天地万物万事之主"。著有《易学》《易说》《经世要略》《学易斋集》等。

② 邹南皋（1551—1624年）：即邹元标，明江西吉水人，字尔瞻，号南皋，万历进士。潜心钻研理学，以敢言著称。著有《愿学集》。

③ 觌（dí）：相见。

④ 惓（quán）惓：念念不忘。

学者不必求之行事之着，而止求之念虑之微。一言以蔽之，曰：诚而已矣。（刘蕺山）

自欺受病，已是出入人兽关头，更不加慎独之功，转入人伪。自此即见君子，亦不复有厌然情状，一味挟智任术，色取行违，进之则为乡愿，似忠信，似廉洁，欺天罔人，无所不至，犹宴然自以为是，全不识人间有廉耻事。（刘蕺山）

启超谨案：《四书》、六经，千言万语，其最鞭辟近里者，莫如《大学·诚意》一章，发端即云："所谓诚其意者，毋自欺也。"毋自欺一语，已使学者更无一丝之路，可以走趱[①]。阳明所提致良知，实不外此义。顾不言诚意而言致良知者，以良知当下反省，人人自得，更易着力，实则致知即诚意也。慎独为诚意关键，亦即为致知关键。故言致良知，自不必更言慎独，诚以致之之功，舍慎独更无他也。王子既没，门下提挈本体太重，而几忘有致字，故蕺山专提慎独以还其本意，非谓王子之教有未足，而更从而画其蛇足也。学者自求受用，则守致良知之口诀也可，守慎独之口诀也可，一而二，二而一耳。惟从此间放松一步，则不知其可也。

---

① 走趱（zǎn）：为粤语词语。松动，指回旋余地。

存养第四

良知之教，简易直捷，一提便醒，固是不二法门。然曰吾有是良知而已具足矣，无待修证，是又与于自欺之甚者也。阳明以良知喻舟之有舵，最为确切。顾舵虽具而不持，则舟亦漂泊不知所届耳。修证之功有三：曰存养，曰省察，曰克治。三者一贯，而存养为之原，述存养第四。

存养之功之不可以已

公都子问曰："钧是人也，或为大人，或为小人，何也？"孟子曰："从其大体为大人，从其小体为小人。"曰："钧是人也，或从其大体，或从其小体，何也？"曰："耳目之官不思，而蔽于物。物交物，则引之而已矣。心之官则思，思则得之，不思则不得也。此天之所与我者。先拉乎其大者，则其小者弗能夺也。此为大人而已矣。"（《孟子》）

我善养吾浩然之气。敢问何谓浩然之气？曰："难言也。其为气也，至大至刚，以直养而无害，则塞于天地之间。其为气也，配义与道；无是馁也。"（《孟子》）

君子深造之以道，欲其自得之也。自得之，则居之安；居之安，则资之深；资之深，则取之左右逢其原。（《孟子》）

学在知其所有，又在养其所有。（程明道）

若不能存养，只是说话。（程明道）

涵养到着落处，心便清明高远。（程明道）

吾曹常须爱养精力。精力稍不足则倦，所临事皆勉强而无诚意，接宾客语言尚可见，况临大事乎？（邢和叔恕。和叔，二程门人也。）

吕与叔尝言患思虑多不能驱除，曰：此正如破屋中御寇。东面一人来未逐得，西面又一人至矣。左右前后，驱除不暇。盖其四面空疏，盗固易人。人无缘作得主定，又如虚器入水，水自然入；若以一器，实之以水，置之水中，水何能入来？盖中有主则实，实则外患不能入，自然无事。（程伊川）

涵养是主人翁，省察是奴婢。（陆象山）

人须整理心下，使教莹净常惺惺地方好，此敬以直内功夫也。嗟夫！不敬则不直，不直便昏昏倒了。万事从此隳，可不惧哉！（吴康斋）

学者要使事物纷扰时，常如夜气一般。（王阳明）

吾辈通患，正如池面浮萍，随开随蔽；未论江海，但在活水，浮萍已不能蔽。何者？活水有源，池水无源。有源者由己，无源者从物。故凡不息者有源，作辍者皆无源故耳。（王阳明）

闲时能不闲，忙时能不忙，方是不为境所转。（王龙溪）

学有可以一言尽者，有不可以一言尽者。如收敛精神，并归一处，常令凝聚，能为万物万事主宰。此可一言而尽，亦可以一息测识而悟。惟夫出人于酬应，牵引于情思，转移于利害，缠固于计算，则微暧万变，孔窍百出。非坚心苦志，持之岁月，万死一生，莫能几及也。（罗念庵）

向人说得伸写得出解得去，谓之有才，则可于学问丝毫无与也。学问之道，须于众人场中，易鹘突者，条理分明，一丝不乱。此非平日有涵养镇静之功，小大不疑，安能及此。（罗念庵）

吾人于一日十二时中，精神意志，皆有安顿处，方有进步处。（耿天台）

涵养要九分，省察只消一分。若没涵养，就省察得，也没力量降伏那私欲。（吕心吾）

涵养不定的，自初生至盖棺时，凡几变。即知识已到，尚保不定毕竟作何种人。所以学者要德性坚定。到坚定时，随常变穷达生死，只一般。即有难料理处，亦能把持。若平日不遇事时，尽算好人；一遇个小小题目，便考出本态。假遇着难者大者，知成个甚么人？所以古人不可轻易笑，恐我当此，未便在渠上也。（吕心吾）

人要于身心不自在处，究竟一个着落，所谓困心衡虑也。若于此蹉过，便是困而不学。（高景逸①）

谋国者，固本自强，而外患自戢②；治病者，调养元气，而客邪③自散。若独思御患，则御之之术。即患所生，专攻客邪，则腑脏先伤，而邪传不已。礼已复而己未尽克，其以省察克治自易，克己而不复礼，其害终身不瘳。（王船山夫之）

启超谨案： 以上所钞，凡以明存养之功之不可以已也。约而举之，凡有五要：

（一）有存养之功则常莹明，无之则昏暗。如明镜然，时时勤拂拭，勿使惹尘埃，则念虑之发，事物之来，吾皆灼然见其本相面应之无所于瞀。夫良知固尽人所生而有者也，然能受良知之用者，万不得一，何也？则本体不莹故也。譬彼病目，见空中华；空本无华，以目病故。故研朱④可以成碧，指鹿可以为马。若循其噎噎⑤味者而认为良知之作用，其误谬将不可纪极。夫心理学上有所谓幻觉者，其原因由来复之念端与当境之知觉和合，有误而

---

① 高景逸：即高攀龙（1562—1626年）。明无锡（今属江苏）人。字存之，又字云从、景逸。万历进士。著有《高子遗书》。
② 戢（jí）：止。
③ 客邪：指人体外致人疾病的各种因素。
④ 研朱：研磨朱砂。
⑤ 噎（yē）噎：象声词。

生。荀子所谓见寝石以为伏虎,见植林以为后人①此人类普通性质所同有。凡此之类,与梦之原理相通。列子②所称席带而寝则梦蛇,飞鸟衔发则梦飞,是其理也。然此幻觉所由起,必以内心所种为远因,而以外境所触为近因。郑人相惊以伯有③,其心中先有畏伯有者存也。齐襄见豕而以为公子彭生④,其心中先有畏彭生者存也。皆有他物以障其明,然后幻生焉。不先除此障,而欲幻之不起,其道无由。列子又称"至人无梦"。何以能无梦?本心常莹,而幻不侵也。夫幻之误人,岂徒前此所举诸实例诸小节而已。如人有生必有死,死固无可畏者,而何以皆畏之?幻觉故也。富贵利禄,不过供吾耳目口体短期之快乐。耳目口体,物而非我,吾何为自苦而乐彼物?富贵利禄无可恋者,而何以皆恋之?幻觉故也。夫畏其无可畏者,而恋其无可恋者,此与豕之本无可怖,而齐襄怖之,则何以异也?故吾人终其身醉梦于此幻觉场中,而无一时清醒白地,可怜孰甚焉!面存养云者,则使吾心常惺惺不昧,而此幻觉无从入也。此自得之道也,若语其应用,则吾辈生文明大开之今日,社会之事物,千复万杂,非智慧增进,不足以察其变而穷其理,研其几而神其用。无论读书治事,皆恃此一点灵明以钥之。以幻觉读书,何以能排旧见而悟真理?以幻觉治事,何以能应时势而蕲成功?是犹无土地资本劳力,而欲殖富也。由此言之,存养者,非徒德育之范围,而又智育所必当有事也。

---

① 寝石以为伏虎,见植林以为后人:《荀子·解蔽》:冥冥而行者,见寝石以为伏虎也,见植林以为后人也,冥冥蔽其明也。

② 列子:即列御寇,相传为先秦早期道家。

③ 伯有:春秋时郑大夫良霄的字。他主持国政时,和贵族驷带发生争执,被杀于羊肆。传说他死后变为厉鬼作祟,郑人互相惊扰,以"伯有至矣"。见《左传·襄公三十年》《昭公七年》。

④ 公子彭生:(?—前694年):春秋初期齐国大夫。

（二）有存养之功则常强立，无之则软倒。《记》称庄敬日强，安肆日偷，其言精绝。盖深明夫心理与生理之关系然也。生理学家言：吾人脑中，有一种无价之宝，名曰爱耐卢尼，实一切活力之本营。吾人所以能研究新理想，担荷大事业者，皆于此物焉赖此物者。不爱惜之不可，不爱惜则妄消耗之于无用之地，而其原力日以减杀；太爱惜之又不可，太爱惜则又措置之于无用之地，而本能无从发达。（生物学家言：凡生物之官体，久废不用者则渐失其本能。如人类本有腮，男子本有乳，皆以不用而渐无之。野蛮人口齿大，愈文明则愈小。诸如此类，其例不胜枚举。）故吾辈当常使此爱耐卢尼运用有节，而适得其宜。夫饱食终日，无所用心者，此厝置之于无用之地者也。故陆子曰："精神不运则愚，血脉不运则病。"曾文正曰："精神愈用则愈出，阳气愈提则愈盛。"此皆与日强日偷之理相发明者也。虽然，彼饱食终日无所用心者，其心卒不能无所寄顿。不寄顿于有用，则寄顿于无用耳。故无数闲思杂念，刻刻相与为缘。而其消耗此爱耐卢尼，反漫无节制。神经甚疲，而不能自振。观夫悲秋之士，怀春之女，终日多愁多病，睹一切景物，皆若甚无聊赖；度一刻光阴，皆若甚难消遣。卒至体质日以羸弱，志气日以消沉。凡此皆其滥费此爱耐卢尼之证也。由此言之，存养者，非徒德育之范围，而又体育所必当有事也。

（三）有存养之功则常整暇，无之则纷扰。治者吉事也，乱者凶事也。治乱之象，非徒于国有之，于家有之，即身心亦然。人而为乱人，则人格已丧失，而无所余矣。起居无节，言语无序，身之乱也；憧憧往来，朋从尔思①，心之乱也；然必有心乱而后有身乱。故欲治其身，亦先治其心而已。英

---

① 憧憧往来，朋从尔思：出自《周易·咸卦》。憧（chōng）憧：心不定貌。

儒边沁^①以苦乐为善恶之标准，在近世哲学界称一新发明焉。然真苦真乐，必不存于躯壳，而存于心魂。躯苦而魂乐，真乐也；躯乐而魂苦，真苦也。吾侪试自验吾心魂最乐之时，当有数境：其一步旷野，吸新空气，观杂花芳草，欣欣有生意；或乘海船，御天风，听海涛，翛翛^②有出尘之想。当此之时，心魂最乐。其一与二、三个素心人^③，促膝论学或论事，论锋针接。当此之时，心魂最乐。其一读书穷理，忽然有悟有得。当此之时，心魂最乐。其一运动躯体，勤劳之后，恬然放下。当此之时，心魂最乐。凡诸此境界，尽人所间有，而不能常有。当其有之，乐莫甚焉。其所以然者，则以此一刹那顷，忽举吾心魂，超然于尘网之外，胸中无一杂念以渣滓于其间也。反是而其最苦者，则家人之聒噪，恶客之杂沓，利害之计较，得失之营注。虽形骸之欲，或甚纵然自满，而心中无限困衡烦恼。此极端苦乐之两境，无论何人，内自审之，莫不皆然也。然则乱其心而不知治者，终身为僇民^④而已。此以言其自得也。若语于应用，则吾辈既非厌世者流，不得不接事物。志愿愈大，其所接事物愈多。若非有道焉自约其心理，使有秩序，则如统百万之众，而无主帅，号令棼^⑤如，安得不溃。故凡遇事张皇而丧其所守者，皆乱之为害也。

（四）有存养之功则能虚受，无之则闭塞。心理如明镜然，惟无一象，故能受万象。吾辈之为学，欲进其学也。欲进其学，则不得不求理想之日新。（横渠所谓濯去旧见，以来新知。）吾辈之治事，欲善其事也。欲善其事，则不得

---

① 边沁：杰里米·边沁（Jeremy Bentham，1748—1832年），英国伦理学家、法学家与哲学家。资产阶级功利主义学说的主要代表。主要著作有《义务论或道德科学》《刑罚与补偿理论》《政府片论》《为高利贷辩》等。
② 翛（xiāo）翛：无拘无束、自由自在的样子。
③ 素心人：心地纯洁、世情淡泊的人。
④ 僇（lù）民：指罪人。
⑤ 棼（fén）：纷乱。

不求条理之晰备。而此二者，非胸次洞然无芥蒂，则其效不可见。善夫吾友蒋智由①氏之言也，曰："吾人意识之区域，若有一种之观念占领，则他观念无发生之机。譬有一忧虑之事，不能解释，其时意识之区域，皆为此忧虑所充满，而他观念皆在所摈拒之列。而意识区域之占领，又有二种：一单一之占领，一杂多之占领。单一占领者，如爱慕一物，念念不能舍是也；杂多占领者，驰骛纷扰散乱集沓之心是也。故必先清净其心，无逐于外缘，无纷于内扰，使意识之区域，洞洞然不储一物，而后理境上之观念生焉。鸢飞鱼跃，自呈活泼之机。"此即荀子所谓"不以所已藏，害所将受"也。由此言之，吾辈苟不欲活用此学以济天下，则亦已耳。苟其欲之，则洁除心地之一层功夫，安可以不致力也。

（五）有存养之功则常坚定，无之则动摇。孟子之得力，在不动心；而其功夫，在养吾浩然之气。夫天下未有风吹草动，毫不自主，而能任大事者也。虽然，不动心之义，言之似易，能之实难。富贵贫贱威武造次颠沛利害毁誉称讥苦乐，种种外境，客贼相乘，不夺于此，则夺于彼。吾侪试默数数年来，所见朋辈中，有昔者共指为志士，谓前途最有希望者，而今已一落千丈，比比皆是。岂必其人立身伊始，即自定此欺饰之局？谓不过欲为此以钓数寒暑间之名誉也。彼其受外界之刺激，不知不觉而为之奴隶。其堕落也，其纯不能自由者也。吾自审根器能厚于彼辈者几何？吾今者未入社会，未受刺激，尚尔然差能自保。一旦与彼辈处同一之境遇，则化之矣！就使吾根器稍优于彼辈，即与彼辈处同之境遇，未必化之。虽然，又当知彼辈所处之境遇，非其刺激之最大者也。客贼之相胁迫也无穷，语曰"道高一尺，魔高一丈。"甲关既过，又有乙关；乙关既过，又有丙关；如是

---

① 蒋智由（1865—1929年）：中国近代诗人，原名国亮，字观云、星侪、心斋，号因明子，浙江诸暨紫东乡浒山村人。与黄遵宪、夏曾佑被梁启超并列为"近代诗界三杰"。著有《居东集》《蒋观云先生遗诗》。

相引，以至无垠。使吾他日所遇可歆可怖可厌之境，有稍甚于彼辈者，吾能无变乎？浸假又有远甚于彼辈者，吾卒能无变乎？庄生曰："与接为构，日以心斗。"吾人终其身皆立于物我剧战之地位。（以己身对于他人之身，则己身为我，而他人为物；以己之心灵对于己之躯壳，则心灵为我，而躯壳为物。故言"我"者有广义之我，有狭义之我。此文之"我"，即指其狭义者。孟子曰："耳目之官不思，而蔽于物，物交物，则引之而已矣。"上"物"指社会种种外境界，下物指耳目之官以心灵之我对之，则两者皆物也。此文之"物"兼指两种物而言。）而能得最后之战利者，千无一焉。吕心吾所谓"勿轻易笑人，恐我当此，亦未便在渠上。"诚警策之言也。然则胜利之道奈何？兵法曰：先为不可胜，以待敌之可胜。又曰：毋恃敌不来，恃我有以待之。今世之谋国者，持武装平和主义，务扩充军备，使其力有余于自卫。然后一切外患，无取于慑。夫治心之道，亦若是则已耳。子程子之言曰：中有主则实，实则外患不能入，是其义也。夫意识之区域，苟有一种之观念占领，则他观念无从发生。夫既言之矣，然为恶观念所占领，则善观念固无从发生；为善观念所占领，则恶观念亦无从发生，其比例正同。由前之说，所谓虚而后能受也，以廓清恶念，为容纳善念之地也。由后之说，所谓实而后能主也，以保持善念，为拒绝恶念之功也。两者交修而互相成也。夫所谓善念恶念之界说何也？念端之属于能动者（能动者，我自欲如此，则如此能力在我也），则为善念。其属于受动者（受动者，此种念端吾明知其不可发，而为外境所夺，不能自制也），则为恶念。时时立于能动之地位，是曰主人；时时立于受动之地位，是曰奴隶。时而能动，时而受动，间杂错出，则出入于主奴之间，而易堕于奴。日兢兢焉保持此能动之资格，拳拳服膺而勿失，然后不退转之旨，乃可得而几也。以上五义，略举之而未能尽也。要之吾辈之生命，本躯壳与心魂。二者和合而成，虽谓一人而有二种之生命可也。此二种之生命，苟缺其一，则人格倏已消灭。躯壳之生命，日必有以养之。一日不食而疲，三日不食而病，七日不食而死矣。心魂之生命，何独不然？毋恃我有美质，而谓功力之可以已也。虽有壮躯，而饔飧①必不可废；虽有良知，而存养必不可怠。古今中外哲人，莫不拳拳焉。以此为第一大事，学者慎勿以"迂腐"二字抹倒之，坐戕其生命之一种，而不自爱也。

启超谨案：既明存养功夫之紧要，今当次述其用功之法。先哲所标，大率以主敬主静两义为宗派。以启超绎之，尚有主观之一法门。佛教天台宗标止观二义，所谓主静者，本属于止之范围；而先儒言静者，实兼有观之作用。必辅以观，然后静之用乃神。故今类钞之，以为存养之三纲。

---

① 饔（yōng）飧（sūn）：饔：早饭；飧，晚饭。

主敬之存养功夫

一敬可以胜百邪。（程明道）

毋不敬可以对越上帝。（程明道）

涵养须用敬，进学则在致知。（程伊川）

人道莫如敬，未有能致知而不在敬者。（程伊川）

只是严肃整齐，则心便一。一则自无非僻之干。此意但涵养久之，天理自然明白。（程伊川）

《记》①中说"君子庄敬日强，安肆日偷。"盖常人之情，才放肆则日就旷荡，才检束则日就规矩。（程伊川）

懈心一生，便是自暴自弃。（程伊川）

以敬为主，则内外肃然，不忘不助而心自存。不知以敬为主，而欲存心，则不免将一个心把捉一个心，外面未有一事时，里面已有三头两绪，不胜其扰也。就使实能把捉得住，只此已是大病。况未必真能把捉得住乎？（朱晦翁，即朱熹）

"敬"字似"甚"字？却甚似个"畏"字。不是块然兀坐，耳无闻，目无见，全不省事之谓。只收敛身心，整齐纯一，不恁地放纵，便是敬。（朱晦翁）

无事时得一"偷"字，有事时得一"乱"字。（刘蕺山）

小人只是无忌惮，便结果一生。《大学》言闲居为不善。闲居时有何不善可为？只是一种懒散精神，漫无着落，便是万恶渊薮，正是

---

① 《记》：即《礼记》。

小人无忌惮处，可畏哉！（刘蕺山）

"懒散"二字，立身之贼也。千德万业，日怠废而无成；千罪万恶，日横恣而无制，皆此二字为之。（吕心吾）

存心则缉熙光明，如日之升；修容则正位凝命，如鼎之镇。内外交养，敬义夹持，何患无上达？（曾涤生）

主敬者，外而整齐严肃，内而专静纯一。齐庄不懈，故身强。（曾涤生）

"敬"字切近之效，尤在能固人肌肤之会。筋骸之束，庄敬日强，安肆日偷，皆自然之征应。虽有衰年病躯，一遇坛庙献祭之时，战阵危急之际，亦不觉神为之悚，气为之振，斯足知敬能使人身强矣。若人无众寡，事无大小，一一恭敬，不敢懒慢，则身体之强健，又何疑乎？（曾涤生）

启超谨案：以上主敬说之大概也。大抵小程子及朱子言养心之法，率主居敬，所谓程朱派也。白沙诗云"吾道有宗主，千秋朱紫阳。说敬不离口，示我入德方"是也。然陆子常称道"小心翼翼，上帝临汝"数语，则亦何尝不言敬！罗念庵，江右王学之宗也，亦常书陆子此语以自励。然则陆王学不废敬明矣。蕺山解小人闲居为不善，谓懒散精神，漫无着落，便是万恶渊薮，可谓警切。兵家所谓暮气，物理学所谓惰力，即此物也。此物一来袭于吾躬，则万事一齐放倒了。而敬即驱除此物第一之利器也。敬之妙用，全在以制外为养中之助。盖我辈德业之所以不进，其原因虽多端，然总不出为外境界之所牵。外境界之所能牵者，眼耳鼻舌身也，孟子所谓物交物也。而眼耳鼻舌身既被牵，则意跟随而动摇，孟子所谓则引之而已矣。又曰：气壹则动志也。展转缠缚，主客易位，而势遂不足以相敌。敬也者，即检制客贼而杀其力者也。客力杀然后主力乃得而增长也，故曰内外交养也。古哲所以重提主敬之功者，其理由不外是。

启超又案： 曾文正发明主敬则身强之理，视宋明儒主敬说更加切实。盖德育而兼体育矣。司马温公亦言修心以正，保躬以静，则言主静而身强也。与曾说可相发明。

启超案： 曾文正又尝有楹联云：禽里还人，静从敬出。文正盖兼主敬静者，而以敬为静之下手功夫。此其独见处；即其得力处也。《中庸》所谓戒慎乎其所不睹，恐惧乎其所不闻也。

学者须恭敬，但不可令拘迫。拘迫则难久也。（程伊川）

人之于仪形，有是持养者，有是修饰者。（程伊川）

启超谨案： 此言主敬不可过于矜持，过于矜持，则又逐于外也。诸儒言此者甚多，今举伊川以该其余。

主静之存养功夫

知止而后有定，定而后能静，静而后能安，安而后能虑，虑而后能得。（《大学》）

必有事焉，而勿正，心勿忘，勿助长也。（《孟子》）

其日夜之所息，平旦之气，其好恶与人相近也者几希，则其旦昼之所为，有梏亡①之矣。梏之反复，则其夜气不足以存。（《孟子》）

戒慎乎其所不睹，恐惧乎其所不闻，莫见乎隐，莫显乎微，故君子必慎其独也。喜怒哀乐之未发，谓之中；发而皆中节，谓之和。（《中庸》）

心虚一而静。虚一而静，谓之大清明。不以梦剧乱知，谓之静。（《荀子》）

启超谨案： 此古代主静派之存养说也。孟子、荀子言存养皆以静为主。孟荀皆孔门嫡传，庄子又称颜子有心斋之功，然则主静派亦出于孔门也。

主静立人极。（周濂溪）

问圣可学乎？曰可。有要乎？曰有。请问焉？曰：一为要。一者无欲也。无欲则静虚动直，静虚则明，明则通。动直则公，公则溥，明通公溥，庶矣乎！（周濂溪）

启超谨案： 濂，学者，宋明数百年间儒者所奉为祖师也。其渊源实出

---

① 梏（gù）亡：谓因受束缚而致丧失。

自种放李之才陈抟①，则道家之支与流裔也。而儒者多讳之，实则何足讳！道家固出于我神祖黄帝也，特有附益驳杂耳。若定学则至道之原也。周子持此为鹄，宜其足以振一世。故今次于先秦学说录之。

> 学者莫如以半日静坐，半日读书。（朱熹）
>
> 为学须从静坐中养出个端倪来，方有商量处。（陈白沙）
>
> 所谓静坐事，非欲坐禅入定。盖因吾辈平日为事物纷拿，未知为己，欲以此补小学收放心一段功夫耳。（王阳明）
>
> 学无分于动静者也。特以初学之士，纷扰日久，本心真机，尽汩没蒙蔽于尘埃中，是以先觉立教，欲人于初下手时，暂省外事，稍息尘缘，于静坐中默识自心真面目，久之邪障彻而灵光露，静固如是，动亦如是。到此时，终日应事接物，周旋于人情事变中而不舍，与静坐一体无二，此定静之所以先于能虑也。岂谓终身灭伦绝物，块然枯坐，待守顽空冷静，以为究竟哉！（王塘南）
>
> 主静功夫，最难下手，姑为学者设方便法，且教之静坐。日用之间，除应事接物外，苟有余刻，且静坐。坐间本无一切事，即以无事付之。既无一切事，亦无一切心。无心之心，正是本心。瞥起则放下，沾滞则扫除，只与之常惺惺可也。此时伎俩，不合眼，不掩耳，不跏趺，不数息，不参话头。只在寻常日用中，有时倦则起，有时感则应，行住坐卧，都作坐观，食息起居，都作静会。昔人所谓"勿忘勿助间，未尝致纤毫之力"，此其真消息也。故程子每见人静坐，便叹其善学。善学云者，只此是求放心亲切功夫。从此入门，即从此究竟，非徒小小方便而已。会得时，立地圣域；不会得时，终身只是狂驰子，更无别

---

① 陈抟（？—989年）：五代宋初道士。字图南，自号扶摇子，亳州真源（今河南鹿邑东）人。著有《无极图》（刻于华山石壁）和《先天图》。

法可入。不会静坐,且学坐而已;学坐不成,更论甚学?坐如尸,坐时习。学者且从整齐严肃入,渐进于自然。《诗》云:"相在尔室,尚不愧于屋漏。"又曰:"神之格思,不可度思,矧可射思?"(刘蕺山)

启超谨案: 上所钞者,静坐说也。静坐不足以尽主静之功,而主静之功必从静坐入手,故先儒皆以此为方便法门。吾辈日缠缚于外境。此心憧扰,无一刻暇适,苟非有静坐以药之,则日为躯壳之奴隶而已。吾每自验,苟一日缺静坐,则神气便昏浊许多。吾昔在美,人事繁杂,无士大夫之相与讲学,又无余晷①以亲典籍,则惟于每来复日一诣景教之礼拜堂②。吾志不在听其说法,而此一两点钟内,翛然若得安心立命之地,因益叹此境之万不可以无也。俗子每曰,今日事变亟矣,吾辈所宜为者多矣!乌能以此有用之日力,置诸无用之地?是不然。天下固有无用之用:虚空至无用也,而一室之中,若无虚空,则不能转旋;睡眠至无用也,然一日之中,若无睡眠,则不能强健。然则无用与有用,其犹水火之相济也。况吾辈即不静坐,而此一日十二时中,岂竟无一刻消费于他种无用之业者。与其消费于他种,则曷若静坐。为彼说者,直自文③耳。窃以为中年之人,已入世者,镇日④憧扰于尘网中,则每日必割出一点钟或两点钟为静坐之时刻,以养其元神。若夫青年正在学校者,每日讲堂上端坐之时刻既多,于卫生上不宜复久坐以滞血脉,则每日必当有一点钟或两点钟,不携伴侣独自一人,散步公园,或其他空旷之地。而此散步时,必宁静其思虑,与静坐同一用功夫。如是然后身心乃有所安顿也。大约每日中有一两点钟之收敛,则其清明之气,可

---

① 余晷(guǐ):剩余的时间;闲暇。
② 礼拜堂:基督教新教进行宗教活动的场所。也称"耶稣堂"。
③ 自文:自为文饰,掩盖过错。
④ 镇日:整天,从早到晚。

以够一日受用矣。每日睡眠七八时以息其躬，每日静坐一二时以息其心，人道之要也。至于静坐之法，或数息①，或视鼻端白，或参话头②。凡此皆缘初学静时，腔子里意马心猿，骤难诠伏③，故有所寄焉。而助之以自制，蕺山谓不必尔尔，此为功夫稍熟者言也。若初学时，则此亦不可废耳。曾文正、李文忠④每日在军中，必作端楷百字；格兰斯顿⑤每日必伐木，或立通衢数马车来往之数。凡此皆有所寄而助以自制也，皆数息参话头之类也。

问："每日暇时，略静坐以养心，但觉意自然纷起，要静越不静。"曰："程子谓心自是活底物事，如何窒定教他不思？只是不可胡乱思，才着个要静的意思，便是添了多少思虑。且不要恁地拘逼他，须自有宁息时。"或问："延平先生静坐之说如何？"曰："这事难说。静坐理会道理，自不妨。只是专要静坐则不可。理会得道理明透，自然是静。今人都是讨静坐以省事，则不可。盖心下热闹，如何看得道理出？须是静，方看得出。所谓静坐，只是打叠得心下无事耳。"（朱熹）

思虑万起万灭如之何？曰：此是本体不纯，故发用多杂。功夫只在主一，但觉思虑不齐，便截之使齐。立得个主宰，却于杂思虑中，先

---

① 数息：静修方法之一。数鼻息的出入，使心恬静专一。
② 参话头，亦称"看话禅"。佛教禅宗的传教方法之一。
③ 诠（quán）伏：蜷伏。
④ 李文忠：即李鸿章（1823—1901年）。清末洋务派和淮军首领。安徽合肥人。历任江苏巡抚、两江总督，直隶总督兼北洋大臣。有《李文忠公全集》。
⑤ 格兰斯顿：威廉·尤尔特·格莱斯顿（William Ewart Gladstone, 1809—1898年），英国首相（1868—1874, 1880—1885, 1886, 1892—1894年）。自由党领袖。历任贸易大臣、殖民大臣和财政大臣等职。

除邪思虑，以次除闲思虑。推勘到底，直与斩绝，不得放过。（魏庄渠）[1]

问："先生教某静坐，坐时愈觉妄念纷扰，奈何？"曰："待他供状自招也好，不然且无从见矣。此有根株在，如何一一去得？不静坐，他何尝无？只是不觉耳。"（刘蕺山）

凡习心混得去，皆缘日间太顺适。未有操持，如舵工相似。终日看舵，便不至瞌睡。到得习熟，即身即舵，无有两件。凡人学问真处，决定有操持收束，渐至其中，未有受用见成者。（罗念庵）

游思妄想，不必苦事禁遏。大抵人心不能无所用，但用之于学者既专，则一起一倒，都在这里。何暇及一切游思妄想，即这里不无间断，忽然走作，吾立刻与之追究去，亦不至大为扰扰矣。此主客之势也。（刘蕺山）

启超谨案：以上所钞，言静坐时整理闲思杂念之法也。陆子曰："人心只爱去泊着事，教他弃事时，如猢狲失了树，便无住处。"此语真能道着人类普通性质。吾辈试一下静坐之功，其劈头最觉得苦者，必此一事也。实则如蕺山所谓："不静坐时何尝无？特不自觉耳。"譬如微菌之病，在新医学未发明以前何尝无？特不觉耳。不觉而不治之，危险更甚。觉得时，虽治之甚难，然可治之机在此矣。白沙所谓："才觉是药也。"初时亦只有用强制之法。随一念之起而抑压之，勿令其自由。如魏庄渠所谓"截之使齐"。朱子所引前辈澄治思虑之死法，是也。然即欲强制，不可无制之之具，与制之之术。则仍莫如致良知一义。朱子所谓便从觉下做功夫。龙溪亦言："提醒本体，群妄自消。"念庵所谓："终日看舵，便不瞌睡。"良知即舵也。而其得力专在终日看之。吴王夫差常使人于侧曰："夫差，尔忘越人之杀尔

---

[1] 魏庄渠：即魏校（1483—1543年），字子才，一作子材，号庄渠。明代官员、学者，与李承勋、胡世宁、余佑善，并称"南都四君子"。

父乎？"则鹰曰："不敢忘。"此提醒之法也。一不提醒则忘，忘则杂念侵之矣。故致良知之教，合下具足也。

主观之存养功夫

启超谨案：主观派之存养说，中国古代道家者流，言之最多。老子所谓"常无欲以观其妙，常有欲以观其徼"，又曰："致虚极，守静笃。万物并作，吾以观复。"庄子、列子，其言恢诡连犿，不可方物。要之观之，一义尽之，此不待天台教宗倡，而始有"止观"之说也。至儒者则未闻有专提此义为学鹄者，然《大学》言"心广体胖"，《孟子》言"万物皆备于我矣，反身而诚，乐莫大焉"。此皆以观而受用者。宋明儒者言观亦甚多，特未提以为宗耳。如周子言观天地生物气象，二程门下多言观喜怒哀乐未发时气象，皆是也。第观之法门不一，此其范围尚狭耳。南海先生昔赠余诗云："登台惟见日，握发似非人；高立金刚顶，飞行银汉滨。午时伏龙虎，永夜视星辰；碧海如闻浅，乘槎欲问津。"午时伏龙虎，止也；永夜视星辰，观也。南海先生之学多得力于观，亦常以此教学者。吾同学狄平子[①]有句云："繁星如豆人如蚁，独倚危楼望月明。"梁伯隽[②]有句云："甚情绪，向百尺高楼觑看行人路。"吾昔亦有句云："世界无穷愿尤尽，海天寥廓立多时。"皆自写其心境也。观之为用，一曰扩其心境使广大，二曰浚其智慧使明细，故用之往往有奇效。第非静亦不能观，故静又观之前提也。今次录先儒言观

---

① 狄平子：即狄葆贤（1873—1941年），近代诗人，文学批评家。字楚青、楚卿，号平子、平等阁主人，江苏溧阳人。擅诗文、书、画。家富收藏，精鉴别。

② 梁伯隽（1877—1958年）：即梁朝杰，字伯隽，号文夫、出云馆主人。十四岁就学于南海康有为的万木草堂，十七岁考中举人。受老师同学影响，成为维新派骨干，世称"康门十大弟子"之一。

之说：

乾称父，坤称母；予兹藐焉，乃混然中处。故天地之塞，吾其体；天地之帅，吾其性。民，吾同胞；物，吾与也。大君者，吾父母宗子；其大臣，宗子之家相也。尊高年，所以长其长；慈孤弱，所以幼其幼；圣，其合德；贤，其秀也。凡天下疲癃、残疾、惸独、鳏寡，皆吾兄弟之颠连而无告者也。于时保之，子之翼也；乐且不忧，纯乎孝者也。违曰悖德，害仁曰贼，济恶者不才，其践形，惟肖者也。知化则善述其事，穷神则善继其志。不愧屋漏为无忝，存心养性为匪懈。恶旨酒，崇伯子之顾养；育英才，颍封人之锡类。不驰劳而底豫，舜其功也；无所逃而待烹，申生其恭也。体其受而归全者，参乎？勇于从而顺令者，伯奇也。富贵福泽，将厚吾之生也；贫贱忧戚，庸玉汝于成也。存，吾顺事；没，吾宁也。（张横渠①《西铭》②）

学者须先识仁。仁者，浑然与物同体，义、礼、智、信皆仁也。识得此理，以诚敬存之而已，不须防检，不须穷索。若心懈，则有防；心苟不懈，何防之有！理有未得，故须穷索；存久自明，安待穷索！此道与物无对，"大"不足以明之。天地之用，皆我之用。孟子言"万物皆备于我"，须"反身而诚"，乃为大乐。若反身未诚，则犹是二物有对，以己合彼，终未有之，又安得乐！《订顽》意思，（案横渠西铭，旧名《订顽》）乃备言此体，以此意存之，更有何事。"必有事焉而勿正，心

---

① 张横渠（1020—1077年）：即张载，字子厚，北宋哲学家，凤翔郿县（今陕西眉县）横渠镇人，世称"横渠先生"。理学创始人之一。著作有《正蒙》《经学理窟》《易说》等，编入《张子全书》中。

② 《西铭》：北宋张载著。原为《正蒙·乾称篇》的一部分。文中提出"民胞物与"的思想，把宇宙看作一个大家族，说明个人的道德义务，宣扬"存，吾顺事，没，吾宁也"的乐天顺命思想。

勿忘，勿助长"，未尝致纤毫之力，此其存之之道。若存得，便合有得。盖良知良能，元不丧失。以昔日习心未除，却须存习此心，久则可夺旧习。此理至约，惟患不能守。既能体之而乐，亦不患不能守也。（程明道《识仁篇》）

当极静时，恍然觉吾此心，中虚无物，旁通无穷。有如长空云气流行，无有止极；有如大海鱼龙变化，无有间隔。无内外可指，无动静可分，上下四方，往古来今，浑成一片，所谓无在而无不在。吾之一身，乃其发窍，固非形质所能限也。是故纵吾之目，而天地不满于吾视；倾吾之耳，而天地不出于吾听；冥吾之心，而天地不逃于吾思。古人往矣，其精神所极，即吾之精神，未尝往也。否则，闻其行事，而能憬①然愤然矣乎？四海远矣，其疾痛相关，即吾之疾痛，未尝远也。否则，闻其患难，而能恻然愤然矣乎？是故感于亲而为亲焉，吾无分于亲也，有分于吾与亲，斯不亲矣。感于民而为仁焉，吾无分于民也，有分于吾与民，斯不仁矣。感于物而为爱焉，吾无分于物也，有分于吾与物，斯不爱矣。是乃得之于天者，固然如是，而后可以配天也。故曰"仁者浑然与物同体"。同体也者，谓在我者亦即在物，合吾与物而同为一体，则前所谓虚寂而能贯通，浑上下四方，往古来今，内外动静而一之者也。（罗念庵）

启超谨案：张子《西铭》，程子《识仁》，皆宋贤中最精粹最博大之语，而其用力皆在于观。故程子以《识仁》名其篇。张子言仁体，亦教人以慧观而识之也。念庵语即此两籍之解释。苟能当以此为观念，则以身在天地间

---

① 憬（jǐng）然：觉悟貌。

负荷，真有不期然而然者。谭浏阳①《仁学》，只是发挥得此义。

　　静中细思，古今亿万年无有穷期，人生其间，数十寒暑，仅须臾耳；大地数万里不可纪极，人于其中，寝处游息，昼仅一室耳，夜仅一榻耳，古人书籍，近人著述，浩如烟海，人生目光之所能及者，不过九牛之一毛耳！事变万端，美名百途，人生才力之能办者，不过太仓之一粒耳！知天之长而吾所历者短，则遇忧患横逆之来，当少忍以待其定；知地之大而吾所居者小，则遇荣利争夺之境，当退让以守其雌②；知书籍之多而吾所见者寡，则不敢以一得自喜，而当思择善而约守之；知事变之多而吾所办者少，则不敢以功名自矜，而当思举贤而共图之。夫如是，则自私自满之见，可渐渐蠲除矣。（曾涤生）

启超谨案：此亦观之一种也。读此知曾文正之所得深矣。

启超又案：以吾所读吾先儒之书，其言观者甚不多。即有之又大率属于旧派之哲学，（如言阴阳理气等）不适于今之用，此吾所遗憾也。南海先生常曰：行不可不素其位，思则不妨出其位，出位云者，以吾之思想，超出于吾所立之地位之界限之外也。（此语似有意反对孔子之言，实各明一义。孔子言思不出其位者，谓心不能自主而放也；此言不妨出位者，吾以自力举而出之，非出焉而不自知也。诚能如是，何出而不可？）人之品格所以堕落，其大原因总不外物交物而为所引。其眼光局局于环绕吾身至短至狭至垢之现境界，是以憧扰缠缚，不能自进于高明。主观派者，常举吾心魂，脱离现境界，而游于他境界也。他境界恒河沙数，不可殚举，吾随时任游其一，皆可以自适。此

---

① 谭浏阳（1865—1898年）：即谭嗣同。中国维新派政治家、思想家。字复生，号壮飞，湖南浏阳人。

② 守其雌：指以柔弱的态度处世。《老子》：知其雄，守其雌，为天下溪。

其节目不能悉述也。此法于习静时行之，较诸数息运气视鼻端白参话头等，其功力尤妙。心有所泊，不至如猢狲失枝，其善一也。不至如死灰槁木，委心思于无用之地，其善二也。闲思游念，以有所距而不杂起，其善三也。理想日高远，智慧日进步，其善四也。故吾谓与其静而断念，毋宁静而善观。但所谓观者，必须收放由我，乃为真观耳。

存养之流弊

  人各有抵死不能变之偏质，惯发不自由之熟病，要在有痛恨之志，密时检之功。总来不如沉潜涵养，病根久自消磨。然涵养中须防一件，久久收敛衰歇之意多，发强之意少，视天下无一可为之事，无一可恶之恶，德量日以宽洪，志节日以摧折，没有这个，便是圣贤涵养，着了这个，便是释道涵养。（吕心吾）

启超谨案：此言存养之流弊，所谓假道学者流，如许衡①李光地②汤斌③辈，往往如此。然此辈则其初于办术之功，先自错了。本既拨，枝叶遂无所附，非涵养之过也。若云以涵养太甚，因收敛而致衰歇者，此在宋明时贤或有之。今者学绝道丧之余，必无忧此种贤智之过也。

---

① 许衡（1209—1281年），宋元之际学者。字仲平，号鲁斋。河内（今河南沁阳）人。认为"天即理也"，但又说"心与天地一般"，其学对程朱理学的传播和朱陆合流有一定影响。著作有《鲁斋遗书》等。
② 李光地（1642—1718年），清福建安溪人，字晋卿，号厚庵，又号榕村。治程朱理学，曾奉命主编《性理精义》《朱子全书》等书。著有《榕村全集》等。
③ 汤斌（1627—1687年），清河南睢州（今睢县）人，字孔伯，号潜庵。推行清政府的封建文化政策。治程朱理学。著有《洛学篇》《睢州志》等。

省克第五

存养者，积极的学问也；克治者，消极的学问也。克治与省察相缘，非省察无所施其克制，不克制又何取于省察？既能存养以立其大，其枝节则随时点检而改善之，则缉熙光明矣！述省克第五。

不能痛下功夫，不可成伟大之人格

自反而不缩，虽褐宽博，吾不惴焉；自反而缩，虽千万人，吾往矣。（《孟子》）

爱人不亲，反其仁；治人不治，反其智；礼人不答，反其敬。行有不得者，皆反求诸己。（《孟子》）

有人于此，其待我以横逆，则君子必自反也，我必不仁也，必无礼也。此物奚宜至哉！其自反而仁矣，自反而有礼矣，其横逆由是也；君子必自反也，我必不忠。自反而忠矣，其横逆由是也；君子曰：此亦妄人也已矣！如此则与禽兽奚择哉！于禽兽又何难焉！（《孟子》）

古之君子，过则改之；今之君子，过则顺之。古之君子，其过也，如日月之食焉，人皆见之；及其更也，人皆仰之。今之君子，岂徒顺之，又从为之辞。（《孟子》）

人之性恶，其善者伪也。杨倞注云："伪，为也，矫也，矫其本性也。凡非天性而作为之者皆谓之伪。故为字人傍为亦会意字也。"今人之性，生而有好利焉，顺是，故争夺生而辞让亡焉；生而有疾恶焉，顺是，故残贼生而忠信亡焉；生而有耳目之欲，有好声色焉，顺是，故淫乱生而礼义文理亡焉。然则从人之性，顺人之情，必出于争夺，合于犯分乱理而归于暴。（中略）故枸木①必将待檃栝②烝矫③然后直，钝金必将待砻厉④然后利。今人之性恶，必将待师法然后正，得礼义然后治。(《荀子》)

启超谨案：孟子言性善，故其功专在扩充。扩充者，涵养之厉也，积极的也。荀子言性恶，故其功专在矫正。矫正者，克审之厉也，消极的也。盖其学说有根本之异点，而枝叶自随之而异。启超谓皆是也。孔子言性相近习相远，以佛语解释之，则人性本有真如⑤与无明⑥之二原子。自无始以来，即便相缘，真如可以熏习无明，无明亦可以熏习真如。

孟子专认其真如者为性，故曰善；荀子专认其无明者为性，故曰恶。荀子不知有真如，固云陋矣；而孟子于人之有不善者，则曰非天之降才尔殊。其所以陷溺其心者然，以恶因专属后天所自造，而非先天所含有。夫恶因由自造固也，然造之也，非自一人，非自一时。如佛说一切众生，自无始来，即以种种因缘，造成此器世间⑦（即社会），此器世间实为彼"无明"所集合之结晶体。生于其间者，无论何种人，已不能纯然保持其"真如"之本性而无所搀杂矣，抑勿论器世间之辽广也。即如人之生也，必寄身于一国

---

① 枸（gǒu）木：曲木。
② 檃（yǐn）括：亦作"檃栝"。矫正竹木邪曲的工具。揉曲叫"檃"，正方称"括"。
③ 烝矫：烝，今写作"蒸"，谓蒸之使柔。矫，谓矫之使直。
④ 砻（lóng）厉：犹磨砺。
⑤ 真如：佛教语，亦称"如""如如"。意为事物的真实状况和性质。
⑥ 无明：亦称"痴""愚痴"。泛指无智、愚昧，特指不懂佛教道理的世俗认识。佛教认为由于无明不了解正理，于是引起一系列的烦恼行为，以致生死苦痛无涯。
⑦ 器世间：佛教语。谓一切众生可居住之国土世界。

家。以近世西哲所倡民族心理学,则凡一民族必有其民族之特性,其积致之也。以数千百年,虽有贤智,而往往不能自拔,此其恶因非可以我一人自当之也,又不徒一民族为然也。以达尔文派生物学之所发明,则一切众生,于承受其全社会公共之遗传性外,又各各承受其父若祖之特别遗传性。凡此皆受之于住胎时,而非出胎后所能与也。是皆习也,而几于性矣。故器世间之习一也,民族全体之习二也。(一民族中又有支族,一支族中又有小支族,莫不各有其特性。乃至一国之中一地方有一地方之特性,又同一民族或移植他国因地理上之影响而发挥出一种新特性,与所居国之特性既异,与母国之特性又异,如是者说不能尽。)血统遗传之习三也,皆习也。然习之于受生以前,几于性矣。若乃出胎之后,然后复有家庭之习,社会之习,则诸习中一小部分耳。孟子所谓陷溺其心者实指此。然既有前此种种深固之习,顽然成为第二之天性。而犹谓其降才无殊,不可得也。宋明儒者,孟氏之忠仆也。然已不得不迁延其说,谓有义理之性,有气质之性。(义理之性即真如,气质之性即无明。)所争者不过区区名号间耳。今吾之赘论及此也,非欲为我国哲学史上增一重公案也。盖孟、荀二子示学者以学道法门,各以其性论为根据地。由孟子之说,则惟事扩充;由荀子之说,则必须矫变。孟子之道顺,而荀子之道逆。顺故易,逆故难。虽然,进化公例,必以人治与天行战,自古然矣。放而任之,而曰足以复吾真,乌见其可。天演派学者,所以重"人为淘汰"也,吾辈生此社会,稍有志者,未或不欲为社会有所尽力。而成就每不如其所期,皆出吾气质中莫不各有其缺点。而此缺点,即为吾种种失败之原。古哲有言:善蕃息马者,去其害马者焉耳。不能于此痛下功夫,而欲成伟大之人格,非所闻也。虽然,此事也,言之似易,行之甚难。良以其所谓陷溺者,其根株甚远且深。自器世间全体之习气,民族全体之习气,乃至血统上遗传之习气，蟠结充塞于眇躬①者既久。而有生以后，复有现社会种种不良之感化力，从而熏之，使日滋长。其熔铸而磨刮之，不得不专恃自力，斯乃所以难矣！而非此不足以自成自淑，斯乃所以益不可以已也。孔子曰：或勉强而行之。董子②曰："勉强学问，则闻见博而知益明；勉强行道，则德日起而大有功。"刘蕺山亦云："心贵乐而行惟苦。千古大圣贤大豪杰，无不从苦中打出来。"所谓勉强也，所谓苦也，惟此一事而已，惟此一事而已！

---

① 眇躬（miǎo gōng）：旧时帝后自称之词。
② 董子（前179—前104年）：即董仲舒，西汉哲学家，今文经学大师。著作有《春秋繁露》（可能经后人附益修改）及《董子文集》。

省察是有事时存养，存养是无事时省察

　　大抵学问须是警省。今说求放心，吾辈却要心主宰得定，方赖此做事业。中庸说致广大极高明，此心有如此广大，但为物欲隔塞，故其广大有亏；本是高明，但为物欲系累，故于高明有蔽。若能常自省察警觉，则高明广大者，常自若也。当更看有何病痛，知有此病，必去其病，此便是疗之之药。如觉言语多，便用简默；意思疏阔，更加细密；觉得轻浮浅易，便须深沉厚重，功夫只在唤醒上。（朱晦翁）

　　一日间，试看此心几个时在内，几个时在外。小说中载赵公以黑白豆记善恶念之起，此是古人做功夫处。如此点检，则自见矣。（朱晦翁）

　　涵养本原之功，诚易间断，然才觉得间断，便是相续处。只要常自提撕，分寸积累将去，久之自然接续，打成一片。（朱晦翁）

　　日夜痛自点检且不暇，岂有功夫点检他人？责人密，自治疏矣。（吴康斋[①]）

　　欲责人，须思吾能此事否？苟能之，又思曰：吾学圣贤方能此，安可遽责彼未尝用功，与用功未深者乎？（吴康斋）

　　才觉退，便是进；才觉病，便是药。（陈白沙）

　　省察是有事时存养，存养是无事时省察。（王阳明）

　　变化气质，居常无所见，惟当利害、经变故、遭屈辱，平时愤怒

---

① 吴康斋（1391—1469年）：即吴与弼，明学者。字子傅，号康斋。抚州崇仁（今属江西）人。学宗程朱，注重"静时涵养，动时省察"，终身以"存天理去人欲"为念，要求在日常生活中努力做到"贫而乐"。著作有《康斋文集》《日录》。

者,到此能不愤怒;忧惶失措者,到此能不忧惶失措,始是得力处,亦便是用力处。(王阳明)

病疟之人,疟虽未发,而病根自在,则亦安可以其疟之未发,而遂忘其服药调理之功乎?若必待疟发而服药调理,则既晚矣。(王阳明)

问:戒惧是己所不知时功夫,慎独是己所独知时功夫?曰:只是一个功夫,无事时固是独知,有事时亦是独知。于此用功,便是端本澄源,便是立诚。若只在人所共知处用功,便是作伪。今若又分戒惧为己所不知功夫,便支离。既戒惧即是知己。曰:独知之地,更无无念时耶?曰:戒惧之念,无时可息。若戒惧之心稍有不存,不是昏聩,便已流入恶念。(王阳明)

某所尝着力者,以无欲为主。辨欲之有无,以当下此心微微觉处为主,此觉处甚微,非志切与气定,即不自见。(罗念庵)

默默自修,真见时刻有不够手处,时刻有不如人处。(罗念庵)

吾辈无一刻无习气,但以觉性为主,时时照察之,则习气之面目,亦无一刻不自见得、既能时时刻刻见得习气,则必不为习气所夺。(王塘南)

夫仁者爱人,信者信人,此合外内之道也。于此观之,不爱人,不仁可知矣。不信人,不信可知矣。故爱人者人恒爱之,信人者人恒信之,此感应之道也。于此观之,人不爱我,非特人之不仁,己之不仁可知矣。人不信我,非特人之不信,己之不信可知矣。(王心斋艮)

阳明在南都时,有私怨阳明者,诬奏极其丑诋。始见颇怒,旋自省曰:"此不得放过。"掩卷自反,俟其心平气和再展看,又怒,又掩卷自反。久之,真如飘风浮霭,略无芥蒂。是后虽有大毁谤,大利害,皆不为动。尝告学者曰:"君子之学,务求在己而已。毁誉荣辱之来,非惟不以动其心,且资之以为切磋砥砺之地,故君子无入而不自得,正以无入而非学也。"须是酬酢纷纭中,常常提醒收拾,久之自有不存

之存。（潘士藻）

"省察"二字，正是存养中吃紧功夫。如一念于欲，便就此念体察，体得委是欲，立与消融而后已。（刘蕺山）

一事也不放过，一时也不放松，无事时惺惺不寐，有事时一真自如，不动些子。（刘蕺山）

日用之间，漫无事事，或出入闺房，或应接宾客，或散步回廊，或静窥书册，或谈说无根，或思想过去未来，或料理药饵，或拣择衣饮，或诘童仆，或量米盐，恁他挨排①，莫可适莫。自谓颇无大过，杜门守拙，祸亦无生。及夫时移境改，一朝患作，追寻来历，多坐前日无事甲里。如前日妄起一念，此一念便下种子，前日误读一册，此一册便成附会。推此以往，不可胜数，故君子不以闲居而肆恶，不以造次而违仁。（刘蕺山）

延平教人"看喜怒哀乐未发时，作何气象？此学问第一义功夫。"未发时有何气象可观？只是查检自己病痛到极微密处，方知时虽未发，而倚着之私，隐隐已伏；才有倚着，便易横决。若于此处查考分明，如贯虱车轮，更无躲闪，则中体恍然在此，而已发之后，不待言矣。此之谓善观气象者。（刘蕺山）

甚矣，事心之难也！间尝求之一觉之顷，而得湛然之道心焉。然未可为据也，俄而恍惚焉，俄而纷纭焉，俄而杂揉焉，向之湛然觉者，有时而迷矣。请以觉觉之，于是有唤醒法，朱子所谓"略绰提撕"是也，然已不胜其劳矣。必也求之本觉乎？本觉之觉，无所缘而觉，无所起而自觉，要之不离独位者近是，故曰："暗然而日章。"暗则通微，通微则达性，性则诚，诚则真，真则常，故君子慎独。由知觉有心之名，心

---

① 挨排：紧密排列；依次排列。

本不讳言觉，但一忌莽荡①，一忌儱侗②。儱侗则无体，莽荡则无用，斯二者皆求觉于觉，而未尝好学以诚之，容有或失之似者，仍归之不觉而已。学以明理而去其蔽，则体物不遗，物各付物，物物得所，有何二者之病？故曰："好智不好学，其蔽也贼。"（刘蕺山）

凡事之须逐日检点者，一日姑待，后来补救则难矣，况进德修业之事处？（曾涤生）

每日临睡，须默数本日劳力者几件？劳心者几件？（曾涤生）

启超谨案：以上所钞，皆先儒言省察之说。略区分之，当为二种：一曰普通的省察法，二曰特别的省察法。普通省察中，复分为二种：一曰根本的省察法，二曰枝叶的省察法。枝叶的省察法，复分二种：一曰随时省察法，二曰定期省察法。普通的省察法者，居常日用时，外境界未尝有何等之变象以撄吾心，而绵绵密密以用省察之功是也。于其时根本的省察与枝叶的省察，当并用。根本的省察者，罗念庵所谓以此心微微觉处为主，王塘南所谓以觉性照察习气是也，此正是致良知之作用。恃源以往，则邪感自无从撄。其以视头痛灸头、脚痛灸脚者，事半功倍矣。然功夫未纯，难保头脚之无痛时也。既痛则又不可不灸之，则枝叶的省察，其亦乌可已。枝叶的省察者，每一动念，一发言，一应事，皆必以良知，一自镜之。其有为良知所不许者，即立予消除是也。而其功以省及动念为最真，是曰随时省察法。既随时致力矣，而每日复于入燕息之时或其他时，指定数大节目而省察之。或统计本日之竟念云为③而省察之，是名定期省察法。曾子所谓三省，朱子所谓计此心几个时在内几个时在外，曾文正所谓数本日劳力者几件劳心者几

---

① 莽荡：迂阔；迂远不切实际。

② 儱（lǒng）侗（tǒng）：同笼统，浑然无分别；模糊而不具体。

③ 云为：指言行。

件，即此法也。景教教规，每临睡必祈祷。祷时以一日言语行事，告诸上帝，亦是此意。吾尝谓景教之有裨于德育，无过祈祷，盖谓是也。特别的省察法者，外境界忽有异动，骤加吾以伟硕之刺戟^①力。无论为可喜可惧可怒可欲可悲，凡此现象，皆足以骤移吾之定力。平日存养之功，至此往往忽扫地以尽。能从此处捱得过去，则不徒可以适道，而更可以立矣。苟能省察，则多受一次刺戟，多增一分能力，谚所谓吃一堑长一智也。若其不能，则能力之递减，亦适成反比例。此等境界，每日不能多逢。苟其遇之，则是天赞我，予我以一炼心最适之学校，我辈所宜深谢而只受者也。即当趁势下火铁功夫，其机一逸，欲追难矣。如勇士赴敌，胜败间不容发也。故善学者于特别的省察法，最不肯放过。

启超又案：窃尝以治国譬治心，良知其犹宪法也，奉之为万事之标准，毋得有违，大本立矣。存养功夫，则犹官吏人民各尽其义务以拥护宪法也，省察功夫，则犹警察也。居常无事，置警察以维持治安，稍遇有违宪举动者，则纠正之，此普通的省察也。或一时一地，遇有大故，则益增加警察，厚集其力以为坊，此特别的省察也。克治功夫，则刑事也，违宪举动，为警察所发见者，则惩艾之，必不使其容留以为社会蠹^②。其有微过隐恶，搜之必尽，其犹繁难之案用侦探也。知此义也，可以清心矣。

---

① 刺戟：即刺激。
② 蠹（dù）：蛀蚀器物的虫子。

立身不可自放一毫出路

圣人之心,纤翳①自无所容,自不消磨刮。若常人之心,如斑垢驳杂之镜,须痛加刮磨一番,尽去其驳蚀,然后纤尘即见,才拂便去,亦自不消费力,到此已是识得仁体矣。若驳杂未去,其间固自有一点明处,尘埃之落,固亦见得,亦才拂便去,至于堆积于驳蚀之上,终弗之能见也。此学利困勉之所由异,幸弗以为烦难而疑之也。凡人情好易而恶难,其间亦自有私意气习缠蔽,在识破后,自然不见其难矣。(王阳明)

必欲此心纯乎天理,而无一毫人欲之私,此作圣之功也。必欲此心纯乎天理,而无一毫人欲之私,非防于未萌之先,而克于方萌之际不能也。防于未萌之先而克于方萌之际,此正《中庸》"戒慎恐惧"、《大学》"致知格物"之功。舍此之外,无别功矣。(王阳明)

凡人言语正到快意时,便截然能忍默得;意气正到发扬时,便翕然能收敛得;愤怒嗜欲正到胜沸时,便廓然能消化得;此非天下之大勇者不能也。然见得良知亲切时,其功夫又自不难。(王阳明)

澄于中字之义尚未明,曰:"此须自心体认出来,非言语所能喻。中只是天理。"曰:"天理何以谓之中?"曰:"无所偏倚。"曰:"无所偏倚,何等气象!"曰:"如明镜全体莹彻,无纤尘点染。"曰:"当其已发,或着在好色好利名上,方见偏倚。若未发时,何以知其有所偏倚?"曰:"平日美色名利之心原未尝无,病根不除,则暂时潜伏,偏

---

① 纤翳(yì):微小的障蔽。

倚仍在。须是平日私心荡除洁净，廓然纯乎天理，方可谓中。"（王阳明）

凡人一言过，则终日言皆婉转而文此一言之过，一行过，则终日行皆婉转而文此一行之过。盖人情文过之态如此，几何而不堕禽兽也？（刘蕺山）

先生徵诸生曰："吾辈习俗既深，平日所为皆恶也，非过也。学者只有去恶可言，改过功夫且用不着。"又曰："为不善，却自恕为无害，不知宇宙尽宽，万物可容，容我一人不得。"（刘蕺山）

吾辈偶呈一过，人以为无伤。不知从此过而勘之，先尚有几十层，从此过而究之，后尚有几十层，故过而不已，必恶。谓其出有源，其流无穷也。（刘蕺山）

学者立身，不可自放一毫出路。（刘蕺山）

问改过先改心过否？曰：心安得有过？心有过，便是恶也。（刘蕺山）

吾人只率初念去，便是孟子所以言本心也。初念如此，当转念时，复转一念，仍与初念合，是非之心，仍在也。若转转不已，必至遂其私而后已，便不可救药。（刘蕺山）

才认己无不是处，愈流愈下，终成凡夫；才认己有不是处，愈达愈上，便是圣人。（刘蕺山）

心是鉴察官，谓之良知，最有权，触着便碎。人但随俗习非，因而行有不慊，此时鉴察，仍是井井，却已主不得。鉴察无主，则血气用事，何所不至！一事不做主，事事不做主，隐隐一窍，托在恍惚间，拥虚器而已。（刘蕺山）

天命流行，物与无妄，人得之以为心。是谓本心。人心无一妄而已。忽焉有妄，希乎微乎？其不得而端倪乎？是谓微过，独知主之；有微过，是以有隐过，七情主之；有隐过，是以有显过，九容主之；有显过，是以有大过，五伦主之；有大过，是以有丛过，百行主之。总之妄也。譬之木自本而根、而干、而标，水自源而后及于流，盈科①而至于放海，故曰："涓涓不息，将成江河；绵绵不绝，将寻斧柯。"是以君子贵防之早也。其惟慎独乎？慎独则时时知改。俄而授之隐过矣，当念过，便从当念改；又授之显过矣，当身过，便从当身改；又授之大过矣，当境过，当境改；又授之丛过矣，随事过，随事改。改之则复于无过，可喜也；不改成过，且得无改乎？总之皆祛妄还真之学，而功夫次第如此。譬之擒贼者，擒之于室甚善，不于室而于堂，不于堂而于外门，于衢，于境上，必成擒而后已。"子绝四，毋意，毋必，毋固，毋我。"②真能慎独者也。其次则"克、伐、怨、欲不行焉尔。"③宋人之言曰："独行不愧影，独寝不愧衾。"④独而显矣；司马温公⑤则云；"某平生无甚过人处，但无一事不可对人言者。"庶几免于大过乎？若邢恕之一日三检点，则丛过对治法也。真能慎独者，无之非

---

① 盈科：水充满坑坎。
② 出自《论语·子罕》。
③ 出自《论语·宪问》。克、伐、怨、欲：克，好胜。伐，自夸。怨，怨恨。欲，贪欲。
④ 出自《宋史·蔡元定传》。蔡元定（1135—1198年），南宋律学家、理学家。字季通，建阳（今属福建）人。朱熹弟子。所著《律吕新书》，提出了十八律理论，又有《洪范解》《大衍详说》《燕乐原辨》等书，后者已佚，仅《宋史·乐志》录存数百字，称《燕乐书》。
⑤ 司马温公（1019—1086年）：即司马光，北宋大臣、史学家。字君实，陕州夏县（今属山西）涑水乡人，世称"涑水先生"。编撰《资治通鉴》。反对王安石新政，死后追封温国公。遗著有《司马文正公集》《稽古录》等。

独，即邢恕①学问，孔子亦用得，故曰"不为酒困"。②不然自原宪③而下总是个闲居小人，为不善而已。善学者须学孔子之学，只于意根上止截一下，便千了百当。若到必固我，已渐成决裂，幸于我处止截得，犹不失为颜子，克己过，此无可商量矣。落一格，粗一格，功夫转愈难一格，故曰："可为难矣。"学者须是学孔子之学。（刘蕺山）

人之言曰："有心为恶，无心为过。"则过容有不及知者，因有不及改，是大不然。夫心不爱过者也，才有一点过，便属碍膺之物，必一决之而后快。故人未有有过而不自知者，只不肯自认为知尔。然则过又安从生？曰只不肯自认为知处，其受蔽处良多，以此造过遂多，仍做过不知而已。孟子言："君子之过，如日月之食。"可见人心只是一团灵明，而不能不受暗于过。明处是心，暗处是过。明中有暗，暗中有明。明中之暗，即是过；暗中之明，即是改，手势如此亲切。但常人之心，忽明忽暗，展转出没，终不能还得明明之体，不归薄蚀何疑？君子则以暗中之明，用个致曲功夫，渐次与它恢扩④去，在《论语》则曰"讼过"，如两造当庭，抵死仇对，不至十分明白不已。才明白，便无事。如一事有过，直勘到事前之心，果是如何？一念有过，直勘到念后之事，更当如何？如此反复推勘，更无躲闪，虽一尘亦驻足不得，此所谓致曲功夫也。《大易》⑤则言"补过"，谓此心一经缺陷，便立

---

① 邢恕：字和叔，郑州原武（今河南原阳西）人。宋神宗、哲宗时为官。早年从二程学。外持正论而内藏奸滑。
② 出自《论语·子罕》："出则事公卿，入则事父兄，丧事不敢不勉，不为酒困，何有于我哉"。
③ 原宪（约前515—？），春秋末鲁国人，一说宋国人。字子思，亦称原思、仲宪。孔子学生。孔子死后，隐居于卫。
④ 恢（huī）扩（kuò）：亦作"恢彉"。扩充、发展。
⑤ 大易：即《周易》。

刻与之圆满那灵明尔。若只是小小补缀，头痛救头，脚痛救脚，败缺难掩，而弥缝日甚，谓之文过而已。虽然，人犹有有过而不自知者。"子路，人告之以有过则喜。"子曰："丘也幸，苟有过，人必知之。"然则学者虚心，逊志时务，察言观色，以辅所不逮，有不容缓者。（刘蕺山）

忆自辛卯年改号涤生，涤者取涤其旧染之污也；生者取明袁了凡①之言。从前种种，譬如昨日死；从后种种，譬如今日生也。（曾涤生）

孟子曰："口之于味也，目之于色也，耳之于声也，鼻之于臭也，四肢之于安佚也，性也；有命焉，君子不谓性也。"人性本善，自为气禀所拘、物欲所蔽，则本性日失，故须学焉而后复之，失又甚者须勉强而后复之。丧之哀也，不可以伪为者也。然衰麻苫块②睹物而痛创，自至擗踊③号呼变节，而涕洟随之④，是亦可勉强而致哀也。祭之敬也，不可以伪为者也。然自盟至荐将之以盛心，自朝至昃⑤胜之以强力，是亦可以勉强而致敬也。与人之和也，不可以伪为者也。然揖让拜跪，人不答而已，则下之筐篚豆笾⑥，意不足而文则先之，是亦可以勉强而

---

① 袁了凡（1533—1606年）：即袁黄。明浙江嘉善人，字坤仪，号了凡。万历进士。知宝坻县，后升兵部主事。对天文、术数、水利、军政、医药等学，多所涉猎。崇尚程朱理学。着有《两行斋集》《皇都水利》《评注八代文宗》《袁了凡纲鉴》等。
② 衰（shuāi）麻：丧服，衰衣麻绖。苫（shān）块："寝苫枕块"的略语。苫，草席；块，土块。古礼，居父母之丧，孝子以草荐为席，土块为枕。
③ 擗（bì）踊：擗，用同"擗"。捶胸顿足。形容极度悲哀。
④ 涕（tì）洟（tì）：眼泪和鼻涕。
⑤ 朝（zhāo）：早晨。昃（zè）：太阳偏西。
⑥ 筐篚（fěi）：盛物竹器。方曰筐，圆曰篚。这里指礼物。豆笾（biān）：祭器。木制的叫豆，竹制的叫笾。

致和也。凡有血气，必有争心，人之好胜，谁不如我？施诸己而不愿，亦勿施于人，此强恕之事也。一日强恕，日日强恕；一事强恕，事事强恕。久之则渐近自然，以之修身，则顺而安；以之涉世，则谐而祥。孔子之告子贡、仲弓，孟子之言求仁，皆无先于此者，若不能勉强而听其自至，以顽钝之质而希生安之效。见人之气类与己不合，则隔膜弃置。甚或加之以不能堪，不复能勉强自抑。舍己从人，傲惰彰于身，乖戾着于外，鲜不及矣。（曾涤生）

强毅之气，决不可无。古语曰：自胜之谓强，曰强制，曰强恕，曰强为善，皆自胜之义也。如不惯早起，而强之未明即起；不惯庄敬，曰强之坐尸立斋；不惯劳苦，而强之与士卒同甘苦；强之勤劳不倦，是即强也；不惯有恒，而强之贞恒①，是即毅也。（曾涤生）

启超谨案：以上所抄，皆先儒言克治之学说也。侯官严氏②译赫胥黎③之《天演论》④曰：人治有功，在反天行。又曰：人力既施之后，是天行者时时在欲毁其成功，务使复还旧观而后已。倘不能常目存之，则历久之余，其成绩必归于乌有。此言也，近世稍涉猎新学者所诵为口头禅也。吾以为治心治身之道，尽于是矣。先儒示学者以用力，最重克己。己者天行

---

① 贞恒：忠贞不渝，始终如一。
② 侯官严氏：即严复（1854—1921年），近代启蒙思想家、翻译家。福建侯官（今闽侯）人。主张学习西方，维新变法。著译编为《侯官严氏丛刊》《严译名著丛刊》。
③ 赫胥黎：托马斯·享利·赫胥黎（Thomas Henry Huxley, 1825—1895年），英国自然哲学家。学识渊博，举凡生物、地质、教育、宗教诸学皆有著述，在哲学及神学上主张进化论及不可知论。著有《进化论与伦理学》。
④ 《天演论》：严复据英国赫胥黎《进化论与伦理学》原著译述。分上、下卷，共三十五篇。中国近代较早的一部直接介绍西方哲学社会科学的著作。对当时国内鼓吹变法图强和提倡维新运动起过积极作用。

也，克之者人治也。以社会论，苟任天行之肆虐，而不加人治，则必反于野蛮；以人身论，苟任天行之横流，而不加人治，则必近于禽兽。然人治者，又非一施而遂奏全胜也。彼天行者，有万钧之力，日夜压迫于吾旁，非刻刻如临大敌，则不足以御之。《左氏传》曰：如二君，故曰克；克也者，甚难之辞也。用功之法，自仍以致良知为一大头脑。白沙所谓才觉病便是药，朱子所谓此欲去之心便是能去之药也。然一觉之后，究竟能已此病否，则全视其决心与其勇气。钱绪山"虞字作祟"一条，最可体验。其谓"自虞度曰：此或无害于理否？或可苟同于俗否？或可欺人于不知否？或可因循一时以图迁改否"？此等虞度，往往与省察之功因缘而生。吾辈试自勘度，未有一人不犯此者。而因循一时之念，为毒最甚。孟子"月攘一难以待来年"①之譬是也。实由勇气不足以任之也。于此时也，学者则当自思维曰：此过之必须改与否且勿论，今日不改明日能改与否又勿论，但向者我之良知，不尝命我以改乎？我最初之发心，不尝谓一遵良知之命乎？而今何为若此？是明明我不自为主人而为奴隶也。他恶犹小，而为奴之恶莫大。以此自鞫，必有蹙然②一刻不能自安者。又克治大过固不易，克治小过尤独难。大过者，以全力赴之，或恐莫能胜；小过者，则吾玩视焉而不以全力赴，谓此区区者不足为吾累也。此则蕺山之言最博深切明矣，曰："从此过而勘之先，尚有几十层；从此过而究之，后尚有几十层。"此真深明因果律原理之言也。故以客观论，则有比较之可言，曰：彼大过而此小过也；以主观论，则两极端绝对而无比较，非善即恶，非恶即善。吏而赃者，赃巨万赃也，赃一钱亦赃也。其赃之数不同，而其忍于赃之心则同也。故以法律范围论之，则过恶有大小之可言；以道德范围论之，则过恶无大小之

---

① 月攘一难以待来年之譬：出自《孟子·滕文公下》。
② 蹙（cù）然：局促不安貌。

可言也。狮子搏虎用全力，其搏兔亦用全力。学者自治之功，当若是也。

启超又案：曾文正常自言，以困勉之功，志大人之学。故一生最提倡勉强之义，其事业亦多从此二字得来。此一般学者最适之下手法门也。习染困人，中材什九，非经一番火铁锻炼，万难自拔。刘蕺山所谓心贵乐而行惟苦，学问中人无不从苦中打出，盖谓此也。昔人常称吴康斋之学，多从五更枕上泪流汗下得来。学者苟常取康斋及曾文正之日记读之，未有不怵然[①]自振者。此亦一种之兴奋剂也。

【案语】王阳明之学，极重"省察克制"：即道德修养上的"克己"功夫。《传习录》上："省察克治之功，则无时而可间，如去盗贼，须有个扫除廓清之意。"提倡人应对自己的思想和行为作自我体察，不断地扫除去掉内心的私欲邪念。先秦儒家已提出要自省、内省，强调对自己行为经常地进行检讨与反省。宋明理学则把先秦儒家的自心内省说与防治"人欲"滋生相结合，南宋朱熹以省察为达到"存理灭欲"的重要途径："人之一心，天理存，则人欲亡；人欲胜，则天理灭。未有天理人欲夹杂者。学者须要于此体认省察之。"（《朱子语类》卷十三）王守仁则比前人有更充分的发挥，说："无事时，将好色、好货、好名等私，逐一追究搜寻出来，定要拔去病根，永不复起，方始为快。"（《传习录》上）强调"无事时"也要不间断地省察自己的思想和行为，以克除一切"私欲"，并认为必须做到无"私欲"可克制，"良知"已自忖，"天理存全"（同上）。

---

① 怵（chù）然：戒惧、惊惧貌。

应用第六

今之君子,即未敢公然仇道德,然赘旒①视之也久矣。叩其说则曰:善矣而无用也。吾谓天下无善而无用之物。既无用矣,即不得谓之善。述应用第六。

启超谨案:前五篇所述学说及所附案语,其发明道德之应用者既不少,无取重出于本篇。今刺取②前篇所未及者,聊申一二云尔。

我能制事,毋令事制我

有问钱绪山曰:"阳明先生择才,始终得其用,何术而能然?"绪山曰:"吾师用人,不专取其才,而先信其心。其心可托,其才自为我用。世人喜用人之才,而不察其心,其才止足以自利其身已矣,故无成功。"愚谓此言是用才之诀也。然人之心地不明,如何察得人心术?人不患无才,识进则才进,不患无量,见大则量大,皆得之于学也。(高景逸)

启超谨案:此言用才之诀与鉴心之术,最为博深切明。

---

① 赘(zhuì)旒(liú):赘,连缀;旒,旌旗上的飘带。比喻实权旁落、为大臣挟持的君主。后亦指有职无权的官吏。
② 刺取:采取、选用。

学者静中既得力，又有一段读书之功，自然遇事能应。若静中不得力，所读之书，又只是章句而已，则且教之就事上磨练去。自寻常衣食以外，感应酬酢，莫非事也。其间千万变化，不可端倪，而一一取裁于心，如权度之待物然。权度虽在我，而轻重长短之形，仍听之于物，我无与焉，所以情顺万事而无情也。故事无大小，皆有理存，劈头判个是与非。见得是处，断然如此，虽鬼神不避；见得非处，断然不如此，虽千驷万锺不回。又于其中条分缕析，铢铢两两，辨个是中之非，非中之是，似是之非，似非之是。从此下手，沛然不疑，所行动有成绩。又凡事有先，当图难于易，为大于细。有要着，一胜人千万着；失此不着，满盘败局。又有先后着，如低棋以后着为先着，多是见小欲速之病。又有了着，恐事至八九分，便放手，终成决裂也。盖见得是非后，又当计成败，如此方是有用学问。世有学人，居恒①谈道理井井②，才与言世务便疏。试之以事，或一筹莫展。这疏与拙，正是此心受病处，非关才具。谚云："经一跌，长一识。"且须熟察此心受病之原，果在何处，因痛与之克治去，从此再不犯跌，庶有长进。学者遇事不能应，只有练心法，更无练事法。练心之法，大要只是胸中无一事而已。无一事乃能事事，便是主静功夫得力处。（刘蕺山）

　　启超谨案：阳明先生教学者，每多言事上磨练功夫，蕺山此文即其解释也。董子曰："正其谊不谋其利，明其道不计其功。"此语每为近世功利派所诟病，得此文救止之，庶可以无贻口实矣。凡任事之成功者，莫要于自信之力，与鉴别之识。无自信之力，则主见游移。虽有十分才具，不能得五分之用。若能于良知之教受用得亲切，则如蕺山所云。见得是处，断

---

① 居恒：长在。
② 井井：有条理。

然如此；见得非处，断然不如此。外境界一切小小利害，风吹草动，曾不足以芥蒂于其胸，则自信力之强，莫与京①矣！无鉴别之识，则其所以自信者。或非其所可信，然此识决非能于应事之际得之，而必须应事之前养之。世之论者每谓阅历多则识见必增，此固然也。然知其一而未知其二也，如镜然，其所以照物而无遁形者，非特其所照物之多而已，必其有本体之明以为之原。若昏霾之镜，虽日照百物，其形相之不确实如故也。蕺山所谓"遇率不能应，只有练心法，更无练事法"，可谓一针见血之言也。此义于前《存养篇》中既详言之，今不再赘。

【案语】王守仁对存理去欲功夫不仅主张静存，还主张在遇到触及切身之事时不为所动而能经受心理考验。即"事上磨炼"。他说："人须在事上磨炼做功夫，乃有益。若只好静，遇事便乱，终无长进，那静时功夫亦差，似收敛而实放溺也。"（《传习录》下）"事"指因外界事物引起"七情所感"而产生的"私意"，使心中的天理或迁或不及，"不得其正"，恰要在此时，去下功夫用天理制约之。恢复"行事的心"，使对父兄能孝敬，对乡党亲戚亲和恭敬（见《谕泰和杨茂》）。

或谓圣贤学问，从自己起见，豪杰建立事业，则从勋名起见。无名心，恐事业亦不成。先生曰："不要错看了豪杰，古人一言一动，凡可信之当时，传之后世者，莫不有一段真至精神在内。此一段精神，所谓诚也。惟诚，故能建立，故足不朽。稍涉名心，便是虚假，便是不诚。不诚，则无物，何从生出事业来？"（刘蕺山）

蕺山见思宗②。上曰："国家败坏已极，如何整顿？"先生对："近

---

① 京：高，大。
② 思宗：即明思宗朱由检（1611—1644年）。明代皇帝。年号崇祯。

来持论者，但论才望，不论操守。不知天下真才望，出于天下真操守。自古未有操守不谨，而遇事敢前者；亦未有操守不谨，而军士畏威者。"上曰："济变之日，先才而后守。"先生对："以济变言，愈宜先守，即如范志完操守不谨，用贿补官，所以三军解体，莫肯用命。由此观之，岂不信以操守为主乎？"上始色解。（《明儒学案·刘蕺山传》）

启超谨案： 孔子思狂狷，狷者有所不为。白沙言学者须有廉隅墙壁，方能任得天下事。今日所谓才智之士，正患在破弃廉隅①墙壁，无所不为。蕺山之药，用以济今日之变，其尤适也。

"动静"二字，不能打合，如何言学？阳明在军中，一面讲学，一面应酬军务，纤毫不乱，此时动静是一是二？（刘蕺山）

启超谨案： 高景逸云，"静有定力，则我能制事，毋令事制我。阳明所以能一面讲学一面治军者，皆能不见制于事而已。"

---

① 廉隅：本谓棱角，后以喻人品行端方，有志节。

养成一世之风尚，造出时代之精神

风俗之厚薄奚自乎？自乎一二人之心之所向而已。民之生，庸弱者戢戢①皆是也，有一二贤且智者，则众人君之而受命底焉。尤智者，所君尤众焉。此一二人者之心向义，则众人与之赴义；一二人者之心向利，则众人与之赴利。众人所趋，势之所归，虽有大力，莫之敢逆，故曰："挠万物者，莫疾乎风。"②风俗之于人心也，始乎微而终乎不可御者也。先王之治天下，使贤者皆当路在势，其风民也皆以义，故道一而俗同。世教既衰，所谓一二人者不尽在位，彼其心之所向，势不能不腾为口说而播为声气，而众人者势不能不听命而蒸③为习尚，于是乎徒党蔚起，而一时之人才出焉。有以仁义倡者，其徒党亦死仁义而不顾；有以功利倡者，其徒党亦死功利而不返。水流湿，火就燥，无感不雠④，所从来久矣。今之君子之在势者，辄曰天下无才，彼自尸⑤于高明之地，不克⑥以己之所向，转移习俗而陶铸⑦一世之人，而翻谢曰："无才。"谓之不诬可乎？否也。十室之邑有好义之士，其智足以移十人者，必能拔十人中之尤者而材之；其智足以移百人者，必能拔百

---

① 戢戢：密集貌。
② 挠万物者，莫疾乎风。挠：搅动、动摇。疾：急速、猛烈。出自《易·说卦传》。
③ 蒸：同"烝"（zhēng），意为，众多、兴盛。
④ 雠（chǒu）：应答、响应。
⑤ 尸：主持、居于。
⑥ 克：能。
⑦ 陶铸：培养造就。

人中之尤者而材之，然则转移习俗而陶铸一世之人，非特处高明之地者然也，凡一命①以上，皆与有责焉者也。有国家者，得吾说而存之，则将慎择与共天位之人；士大夫得吾说而存之，则将惴惴②乎谨其心之所向，恐一不当，以坏风俗而贼人才。循是为之，数十年之后，万一有收其效者乎？非所逆睹③已。（曾涤生《原才篇》）

启超谨案：道学之应用，全在有志之士，以身为教，因以养成一世之风尚，造出所谓时代的精神者。王阳明与聂双江书及曾文正此文，言之无余蕴矣。顾亭林之论世风也，曰观哀平之可以变而为东京，五代之可以变而为宋，则知天下无不可变之风俗，而以归功于光武明章艺祖真仁之提倡。其论当矣，然犹未尽也。风俗之变，其左右于时主者不过十之一二，其左右于士大夫者乃十之八九。夫以明太祖成祖④之狠鸷⑤，其所以摧锄⑥民气束缚民德者可谓至矣。而晚明气节之盛，迈东京而轶两宋，岂非姚江⑦遗泽使然哉？即曾文正生雍乾后，举国风习之坏，几达极点。而与罗罗山⑧诸子，独能讲举世不讲之学，以道自任，卒乃排万险冒万难以成功名。而其泽且至今未斩，今日数蹍踔⑨敦笃之士，必首屈指三湘，则

---

① 一命：命，官阶。周代时官阶从一命到九命，一命为最低级别。后泛指官职低微。
② 惴惴：忧惧戒慎貌。
③ 逆睹：预见。
④ 明太祖：即朱元璋。成祖：即明成祖朱棣。
⑤ 狠鸷（zhì）：凶猛。
⑥ 摧锄：摧毁、去除。
⑦ 姚江：即阳明学派，姚江在浙江余姚，因创始人王守仁（阳明）为余姚人，故名。
⑧ 罗罗山：罗泽南（1808—1856年），清末湘军将领。字仲岳，号罗山，湖南湘乡人。著有《西铭讲义》《人极衍义》等。
⑨ 蹍（chěn）踔（chuō）：一脚跳行、跛脚走路的样子。

曾罗诸先辈之感化力，安可诬也？由是言之，则曾文正所谓转移习俗而陶铸一世之人者，必非不可至之业。虽当举世混浊之极点，而其效未始不可睹。抑正惟举世混浊之极，而志士之立于此旋涡中者，其卓立而湔拔①之，乃益不可以已也！

---

① 湔（jiān）拔：荐拔。

王阳明年表

1472 年　明宪宗朱见深成化八年，一岁。

九月三十日丁亥，王守仁生。其母郑氏怀胎十四月始生守仁。生时其祖母岑氏梦神人衣绯于云中鼓吹送儿，岑氏惊醒，已闻王守仁啼声。其祖父王伦（1421—1490 年，字天叙）异之，遂为其起名王云。乡人传其梦，指所生楼曰"瑞云楼"。

1476 年　成化十二年，五岁。

王守仁五岁不言。一日与群儿嬉戏，有神僧过之曰："好个孩儿，可惜道破。"其祖父王伦悟，乃更其名为守仁，王守仁随即能言。一日诵王伦所尝读过书。王伦讶问之。答："闻祖读时已默记矣。"

1478 年　成化十四年，七岁。

居余姚，沉迷于中国象棋。母亲反对，震怒后把象棋扔进河中，因作《哭象棋》诗。

象棋在手乐悠悠，苦被严亲一旦丢。兵卒堕河皆不救，将军溺水一齐休。马行千里随波去，士入三川逐浪流。炮响一声天地震，象若心头为人揪。

1481 年　成化十七年，十岁。

居余姚。其父王华中状元，入京师。

1482 年　成化十八年，十一岁。

其父王华迎养祖父王伦入京，因携王守仁入京师。途经金山寺，王守仁赋诗《过金山寺》和《蔽月山房》。

曰:"金山一点大如拳,打破维扬水底天。醉倚纱高台上月,玉箫吹彻洞龙眠。"

曰:"山近月远觉月小,便道此山大于月。若人有眼大如天,还见山小月更阔。"

1483 年　成化十九年,十二岁。

就塾师,王守仁豪迈不羁,其父王华常怀忧,惟其祖王伦知之。

一日,与同学生走长安街,遇一相士。异之曰:"吾为尔相,后须忆吾言:须拂领,其时入圣境;须至上丹台,其时结圣胎;须至下丹田,其时圣果圆。"

王守仁感其言,自后每对书辄静坐凝思。曾问塾师曰:"何为第一等事?"塾师曰:"惟读书登第耳。"王守仁疑问:"登第恐未为第一等事,或读书学圣贤耳。"其父王华闻之笑曰:"汝欲做圣贤耶?"

1484 年　成化二十年,十三岁。

生母郑氏去世,王守仁居丧哭泣甚哀。为母守孝三年。

1486 年　成化二十二年,十五岁。

居京师。王守仁出游居庸三关,即慨然有经略四方之志。经月始返。一日,梦谒伏波将军马援庙。赋诗曰:"卷甲归来马伏波,早年兵法鬓毛皤。云埋铜柱雷轰折,六字题文尚不磨。"时有作乱者,王守仁屡欲为书献于朝。王华斥之为狂,乃止。

1488 年　明孝宗朱祐樘弘治元年,十七岁。

七月,与诸氏完婚于江西洪都(今南昌)。诸氏名"芸",浙江余姚人,父诸养和时任江西布政使参议。新婚之日,王守仁偶入铁柱宫,遇道士端坐一榻,相对而坐忘归。次早始还。所居官署中蓄纸数箱,王守仁日取学书,及至走时，数箱皆空，王守仁书法大进。

1489 年　弘治二年，十八岁。

是岁王守仁始慕孔门之学。十二月，携夫人归余姚，舟至广信（今江西上饶），拜谒理学大儒娄谅（号一斋），语宋儒格物之学，谓"圣人必可学而至"。

1490 年　弘治三年，十九岁。

王华以父丧丁忧①归余姚，命从弟冕、阶、宫及妹婿牧，相与王守仁讲析经义。王守仁日随众人课业，夜晚搜取诸经子史读之，多至夜分。四人见其文字日进，尝愧不及，后知之曰："彼已游心举业外矣，吾何及也！"王守仁接人平易善谑，一日悔之，遂端坐省言。四子未信，王守仁正色曰："吾昔放逸，今知过矣。"自后四子亦渐敛容。

1492 年　弘治五年，二十一岁。

秋闱，举浙江乡试。孙燧和胡世宁同举。父王华丁忧期满，回京复命。是年为宋儒格物之学。王守仁始待王华于京师，遍求考亭（朱熹晚年于考亭定居终老，著书讲学）遗书读之。一日思先儒谓"众物必有表里精粗，一草一木，皆涵至理"，官署中多竹，即取竹格之；沉思其理不得，遂遇疾。王守仁自委圣贤有分，乃随世就辞章之学。

1493 年　弘治六年，二十二岁。

京师，春闱，会试不第。首辅李东阳戏曰：待汝做来科状元，试作《来科状元赋》，王守仁悬笔立就。诸老惊曰："天才！天才！"

---

① 丁忧：旧称遭父母之丧为"丁忧"。父母死后，子女要守丧，三年内不做官，不婚娶，不赴宴，不应考。

有忌者曰:"此子取上第,目中无我辈矣。"及丙辰会试,果为忌者所抑。同舍有以不第为耻者,王守仁慰之曰:"世以不得第为耻,吾以不得第动心为耻。"识者服之。归余姚,结诗社龙泉山寺。

1495 年 弘治八年,二十四岁。

王家搬迁至山阴(今浙江绍兴越城区王衙弄 19 号),余姚老宅由钱氏居住。

1496 年 弘治九年,二十五岁。

京师。春闱,为忌者所抑,会试再不第。

1497 年 弘治十年,二十六岁。

寓京师,时边关甚急。朝廷推举将才,莫不遑遽。王守仁念武举之设,仅得骑射搏击之士,而不能收韬略统驭之才。于是留情武事,凡兵家秘书,莫不精究。每遇宾宴,尝聚果核列阵势为戏。

1498 年 弘治十一年,二十七岁。

寓京师。是年王守仁谈养生。王守仁自念辞章艺能不足以通至道,求师友于天下又不数遇,心持惶惑。一日读晦翁上宋光宗疏,有曰:"居敬持志,为读书之本,循序致精,为读书之法。"乃悔前日探讨虽博,而未尝循序以致精,宜无所得;又循其序,思得渐渍洽浃,然物理吾心终若判而为二也。沉郁既久,旧疾复作,益委圣贤有分。偶闻道士谈养生,遂有遗世入山之意。

1499 年 弘治十二年,二十八岁。

在京师。年春会试。中第二名。殿试二甲第七(全国第十名)。赐进士出身,观政工部。本届会试,唐伯虎涉泄题案,被黜为吏,不得为官。结交李梦阳等前七子。秋，钦差督造威宁伯王越墓，竣工，威宁伯以金帛谢，不受；出威宁伯宝剑赠王守仁，与梦相符，欣然接受。时有星变，朝廷下诏求言，及闻达虏猖獗，王守仁复命上边务八事，言极恳切。

1500 年　弘治十三年，二十九岁。

在京师，授刑部云南清吏司主事，上书《陈言边务疏》。

1501 年　弘治十四年，三十岁。

奉命到江北审决积案重囚，平反多件冤案。事竣，游九华山，出入佛寺道观，著《九华山赋》。

1502 年　弘治十五年，三十一岁。

是年，王守仁渐悟佛老二氏之非。五月复命，京中旧游俱以才名相驰骋，学古诗文。王守仁叹曰："吾焉能以有限精神为无用之虚文也！"遂于八月告病归越，筑室阳明洞中，行导引术，自号"阳明子"，人称"阳明王守仁"。久之，遂先知。

1503 年　弘治十六年，三十二岁。

寓杭州西湖养病。复思出仕。往来于南屏、虎跑诸寺。

有一禅僧坐关三年，不语不视，王守仁喝之曰："这和尚终日口巴巴说甚么！终日眼睁睁看甚么！"僧惊起，即开视对语。王守仁问其家人。对曰："有母在。"曰："起念否？"对曰："不能不起。"王守仁即以爱亲为人之本性告之，僧涕泣谢。明日问之，僧已去矣。

1504 年　弘治十七年，三十三岁。

在京师。秋，主考山东乡试，撰写《山东乡试录》，拜谒孔庙，登泰山。九月改兵部武选清吏司主事（正六品）。

1505 年　弘治十八年，三十四岁。

在京师。是年王守仁授徒讲学，使人先立必为圣人之志。甘泉湛若水①时为翰林庶吉士，一见定交，共以倡明圣学为事。

1506 年　明武宗朱厚照正德元年，三十五岁。

在京师，徐爱拜师，未收。时武宗初政，刘瑾擅权，二月，王守仁为南京言官戴铣②上疏。亦下诏狱。受廷杖四十，被贬为贵州龙场驿驿丞。其父王华亦被调离京师，明升暗降调任为南京吏部尚书。

1507 年　正德二年，三十六岁。

赴谪南下杭州，刘瑾派刺客追杀，假言投江逃脱。跟随商船游舟山，偶遇飓风大作，一日夜至福建境内。过五夷山，回越城。十二月返钱塘，赴龙场驿。收徐爱为首席大弟子。

1508 年　正德三年，三十七岁。

是岁王守仁始悟格物致知。春，至贵州龙场，途中收多名弟子。龙场万山丛薄，苗、僚杂居，环境极为恶劣，王守仁因俗化导，夷人皆拜服王守仁。

时刘瑾未除，王守仁自计得失荣辱皆能超脱，惟生死一念尚觉未化，乃做一石墩，日夜端居澄默，以求静一。忽于一日，半夜大悟格物致知之旨，不觉跳跃高呼，从者皆惊。始知圣人之道，吾性自足，向之求理于事物者误

---

① 湛若水（1466—1560 年），明哲学家。字符明，号甘泉。增城（今属广东）人。少师事陈献章，后与王守仁同时讲学，各立门户。认为"心也者包乎天地万物之外，而贯夫天地万物之中者也，中外非二也"（《心性图说》）。反对王守仁"致良知"说，认为"天理""皆发见于日用事物之间"，主张"随处体认天理"。著作有《湛甘泉集》。

② 戴铣（1464—1506年），字宝之，号冲峰，婺源县岩前村（今属江西）人。明弘治九年（1496年）进士。

也。史称"龙场悟道"。

1509 年　正德四年，三十八岁。

在贵阳。是年王守仁始论知行合一。受提学副使席书聘请，主讲于文明书院，席书身率贵阳诸生，以师礼事之。

1510 年　正德五年，三十九岁。

刘瑾伏诛，升江西庐陵知县。三月，王守仁至庐陵。王守仁为政不事威刑，惟以开导人心为本，由是社会风气日清。重新规划城市布局及各项制度，此后数十年皆沿用其制。归过常德、辰州等地，教人静坐功夫。十一月，入京面圣。十二月升南京刑部四川清吏司主事。

1511 年　正德六年，四十岁。

在京师。正月调吏部验封司清司主事。二月为会试同考官。十月升文选清吏司员外郎。是年其同事方献夫受学。送湛若水奉使安南各国，惧圣学难明而易惑，人生别易而会难，为文以赠。

1512 年　正德七年，四十一岁。

在京师。三月，升考功清吏司郎中。十二月，升南京太仆寺少卿，便道归家省亲。

按《同志考》，是年穆孔晖、顾应祥、郑一初、方献科、王道、梁谷、万潮、陈鼎、唐鹏、路迎、孙瑚、魏廷霖、萧鸣凤、林达、陈洸及黄绾、应良、朱节、蔡宗兖、徐爱同受业。徐爱记录整理其所言，名为《传习录》。与徐爱同舟归越，论《大学》宗旨，即今《传习录》首卷也。

1513 年　正德八年，四十二岁。

二月，至杭州。冬十月，至滁州，督马政。滁州山水佳胜，地僻官闲，日与门人游琅琊、瀼泉间。新旧学生,大集于此。坐者数百人,歌声振山谷。

1514 年　正德九年,四十三岁。

四月,升南京鸿胪寺卿。五月,至南京。众弟子同聚师门,日夕研习。王守仁曰:"吾近年来欲惩治末俗之卑污,引接学者多就高明一路,以救时弊。今见学者渐有流入空虚,为脱落新奇之论,吾已悔之矣。故今后在南京论学,只教学者存天理,去人欲,为省察克治实功。"

1515 年　正德十年,四十四岁,在京师。

正月,上疏辞职,不允。是年当两京考察,例上疏。立从兄弟的儿子正宪为嗣子,正宪字仲肃,其叔父王衮之孙,堂弟王守信之第五子,时年八龄。时皇帝命太监刘允、乌思藏赍幡供诸佛,奉迎佛徒。王守仁欲因事进言,八月,拟《谏迎佛疏》欲上,后中止。疏请辞职。是年祖母岑太夫人年九十有六,王守仁思乞恩归一见为诀,疏凡再上矣,故辞甚恳切。

1516 年　正德十一年,四十五岁。

在南京。是时汀、漳各郡皆有巨寇,尚书王琼特举王守仁。九月,升都察院左佥都御史,巡抚南、赣、汀、漳等处。十月,归省至越。

1517 年　正德十二年,四十六岁。

正月,至江西。正月十六日开府。行十家牌法,选民兵。二月,平漳寇。荡灭诸洞。仅三月,漳南数十年逋寇悉平。四月,班师回朝。时三月不雨。王守仁四月驻军上杭,求雨于行台,得雨。五月,立兵符。奏设平和县,移枋头巡检司。六月,疏请疏通盐法。九月,改授提督南、赣、汀、漳等处军务,给旗牌,得便宜行。抚谕贼巢。朝廷以王守仁平漳寇功,升一级,银二十两,紵丝二表里,降敕奖励,上谢疏。疏处南、赣商税。十月,平横水、桶冈诸寇。十二月,班师。师至南康,百姓沿途顶香迎拜。所经州、县、隘、所,各立生祠。远乡之民，供肖像于祖堂，岁时尸祝。闰十二月，奏设崇义县治，及茶寮隘上堡、铅厂、长龙三巡检司。议上，悉从之，县名崇义。

1518年　正德十三年，四十七岁。

正月，征三浰，三月上疏乞辞官，不允。袭平大帽、浰头诸寇。四月，班师，立社学。五月，奏设广东和平县。历经一年又三月，彻底平定危害多年的四省暴乱。六月，升都察院右副都御史，荫子锦衣卫，世袭百户。辞免，不允。七月，刻古本《大学》，发明《大学》本旨，指示入道之方。刻《朱子晚年定论》。八月，门人薛侃刻《传习录》。九月，修濂溪书院，四方学者云集于此。十月，举乡约。十有一月，再请疏通盐法。是年其徒徐爱卒，王守仁为之恸哭。

1519年　正德十四年，四十八岁。

正月，以三浰、九连功荫子锦衣卫，世袭副千户。上疏辞免，不允。祖母岑氏仙逝，父王华病，疏乞辞官，不允。六月，奉敕勘处福建叛军，十五日丙子，至丰城，闻宁王朱宸濠于南昌反叛作乱，遂返吉安，起义兵。十九日，疏上变。叛党方盛，恐中途有阻。壬午，再上告变。梳乞顺路归家省亲治丧，不允。六月二十二日，疏上伪檄。七月十三日，发兵吉安。丙午，大会于樟树。己酉，誓师。庚戌，次市汊。七月二十日，攻克南昌。二十四日乙卯，于黄家渡大败回援叛军。二十六日，以火攻叛军，叛军焚溺而死者3万余人，宁王宸濠与其世子、郡王，及李士实、刘养正、王纶等皆被擒。江西平。自知宁王叛乱起，四十三日即平定宁王之乱。安葬宁王妃娄妃（名素珍，大儒娄谅之女，始终劝说宁王勿反，投水自尽而死）。

王守仁与宁王交战时，与士友论学不辍。有暗探来报前军失利，在座众人皆有惧色。王守仁出来见过暗探，退而就座，复接前言，神色自若。不久，又有暗探来报敌军大溃，在座众人皆有喜色，王守仁出来见过暗探，退而就座，复接前言，神色亦自若。后闻宁王已擒，问故行赏，而后退还就座，众人皆色喜惊问。王守仁曰："适闻宁王已擒，想不伪，但伤死者众耳。"复接前言，其语如常。旁观者皆服其学。

八月，疏谏亲征。再乞顺路归家省亲治丧，不允。武宗南下，宦官张忠、武将许泰等群小先至，欲抢功悦君，王守仁与之周旋。九月，再疏乞顺路归家省亲治丧，不允，守仁甚悲。九月壬寅，献俘杭州，称病留西湖净慈寺。奉敕兼巡抚江西。十一月，返江西。

1520 年　正德十五年，四十九岁。

在江西。正月，赴召次芜湖。寻得旨，返江西。二月，入九江。三月，请宽租。三疏归家省亲治丧，不允。五月，江西大水，疏自劾。五月，江西大水，疏自劾。六月，如赣。七月，重上江西捷音。八月，咨部院雪冀元亨[①]冤状。闰八月，四疏归家省亲治丧，不允。九月，还南昌。泰州王银投其门下，王守仁为其改名为艮，字汝止。艮后创泰州学派。

1521 年　正德十六年，五十岁。

居南昌。是年王守仁始揭"致良知"之教。录陆象山子孙。五月，集门人于白鹿洞。六月，被皇帝召见，不久又被撤销，升其南京兵部尚书，参赞机务。遂疏乞顺路归家省亲治丧。八月，至越。九月，归余姚省祖茔。收钱德洪入门下。十月二日，封新建伯，奉天翊卫推诚宣力守正文臣，特进光禄大夫柱国，还兼两京兵部尚书，照旧参赞机务，岁支禄米壹千石，三代并妻一体追封，给与诰卷，子孙世世承袭。十二月，归越城为父王华祝寿。

---

① 冀元亨（1482—1521 年），字惟干，湖广承宣布政使司常德府武陵县（今湖南省常德市）人。

1522 年　明世宗朱厚熜嘉靖元年。五十一岁。

居绍兴。正月，疏辞封爵，二月，其父王华仙逝，享年七十六，丁忧。七月，再疏辞封爵。首辅①杨廷和倡议禁遏王学。弟子陆澄时为刑部主事，上疏欲辩。王守仁闻而止之。

1523 年　嘉靖二年，五十二岁。

在绍兴。来从学者日众。九月，改葬父王华于天柱峰。母郑氏于徐山。十有一月，至萧山。

1524 年　嘉靖三年，五十三岁。

在绍兴。是岁，门人日进。四月，服阕②，朝中屡疏引荐。是时大礼议③起，霍韬、席书、黄绾、黄宗明先后皆以大礼问，不答。八月，宴门人于天泉桥。十月，门人南大吉续刻《传习录》。

1525 年　嘉靖四年，五十四岁。

在绍兴。夫人诸芸卒。四月，葬于徐山。六月，礼部尚书席书力荐王守仁入阁，未果。九月，归余姚省祖茔，会门人于龙泉山中天阁，决定每月在中天阁讲课。十月，建阳明书院于越城。

---

① 首辅：即"首揆"。明代对首席大学士的习称。嘉靖、隆庆和万历初期首辅、次辅界限严格，首辅职权最重，主持内阁大政，次辅不敢与较。

② 服阕：古丧礼规定，父母死后服丧三年，期满除服，称为"服阕"。

③ 大礼议：明代宫廷中争议明世宗朱厚熜本生父尊号的事件。明武宗朱厚照无子，武宗从弟世宗朱厚熜由藩王继帝位。即位后，使礼臣议本生父兴献王朱祐杬的尊号。张璁等迎合帝意，议尊为皇考。杨廷和认为不合礼法，主张称孝宗（武宗父）为皇考，兴献王为皇叔父。争论三年，世宗于嘉靖三年（1524年）追尊兴献王为皇考恭穆献皇帝。群臣哭阙力争，因此下狱的达一百三十四人，廷杖致死的十七人，此外尚有谪戍和致仕而去的。

明代命大学士入值文渊阁，事实上即居宰相之任，称为"入阁预机务"。

1526年　嘉靖五年，五十五岁。

在绍兴。系统讲授心学理论。十一月庚申，继室张氏生子正聪，七年后，其弟子黄绾为保护孤幼收正聪为婿，改名正亿。十二月，作《惜阴说》。

1527年　嘉靖六年，五十六岁，在绍兴。

四月，邹守益刻《文录》于广德州（在今安徽宣城）。五月，命兼都察院左都御史，平广西思田之乱。六月，上疏辞职，不允。九月壬午，自越中出发。出行前夜，门人钱德洪与王畿请问为学宗旨。王守仁领其移步于天泉桥上，授其四句宗旨："无善无恶是心之体，有善有恶是意之动，知善知恶是良知，为善去恶是格物。"是谓"天泉证道"。

十月，至南昌。十一月，至广东肇庆。乙未，至广西梧州，开府议事，上谢恩疏。十有二月，命兼理巡抚两广，上疏辞职，不允。

1528年　嘉靖七年，五十七岁。

在梧州。二月平定思、田之乱。四月，议迁都台于田州，没有实行。兴思、田学校。五月，抚恤新民。六月，兴南宁学校。七月，袭八寨、断藤峡，破之。九月，上疏谢奖赏。十月，因为病情加重，上疏请求辞职回乡，疏入，未报。十一月，启程返家，十一月二十五日，逾梅岭至南安（在今江西赣州）。门人周积赶至迎医奉药。二十八日晚船泊岸边，问："何地？"侍者曰："青龙铺。"明日，王守仁召周积。久之，开目视曰："吾去矣！"周积泣下，问"何遗言？"王守仁微笑曰："此心光明，亦复何言？"不久，闭目而逝，二十九日辰时也（公元1529年1月9日8时己丑）。十二月三日，门人张思聪与官属师生设祭入棺。

1529 年，嘉靖八年。

正月，丧发南昌。丧过江西，军民无不缟素哭送者。十一月，葬于洪溪。

1567 年，明穆宗朱载垕隆庆元年。

诏赠新建侯，谥文成。隆庆二年予世袭伯爵。

1584 年，明神宗朱翊钧万历十二年。

王守仁从祀于孔庙，奉祀孔庙东庑第五十八位。